MILAGROS

El autor

Richard Webster nació en Nueva Zelanda en 1946, donde aún reside. Él viaja alrededor del mundo dando conferencias y conduciendo talleres sobre temas psíquicos. Ha escrito muchos libros, principalmente relacionados con temas psíquicos, y además escribe mensualmente artículos en revistas.

MILAGROS

DE TU DIARIO VIVIR

RICHARD WEBSTER

TRADUCCIÓN AL IDIOMA ESPAÑOL:

HÉCTOR RAMÍREZ Y EDGAR ROJAS

Llewellyn Español
St. Paul, Minnesota

PRIMERA EDICIÓN
primera impresión, 2004

Coordinación y edición: Edgar Rojas
Diseño del interior: Michael Maupin
Diseño de la portada: Gavin Dayton Duffy
Imagen de la portada: Dove image © Koji Kitagawa / SuperStock
Título original: *Miracles: Inviting the Extraordinary Into Your Life*

Librería del Congreso. Información sobre esta publicación.
Library of Congress Cataloging-in-Publication Data.

ISBN 0-7387-0618-3

Llewellyn Español
Una división de Llewellyn Worldwide, Ltd.
P.O. Box 64383, 0-7387-0618-3
St. Paul, MN 55164-0383, U.S.A.
www.llewellynespanol.com

Impreso en los Estados Unidos de América

Para mi hijo menor,
Philip

Contenido

Introducción

CUANDO MI NIETA tenía cuatro años de edad, disfrutábamos de una maravillosa tarde observando a una mariposa salir de su crisálida, sacudir las alas y finalmente emprender el vuelo.

"¡Eso es un milagro!", exclamó Eden.

Quedé impresionado de que ella pareciera saber lo que era un milagro. Para sus jóvenes ojos, la aparición de una hermosa mariposa, que había sido una oruga sólo una o dos semanas antes, era un milagro. Esto me hizo pensar en el poema de Walt Whitman "Miracles":

> ¿Por qué?, ¿quién da mucha importancia a un milagro?
> En lo que a mí respecta sólo conozco milagros . . .
> . . . para mí, cada hora de luz y oscuridad es un milagro,
> cada pulgada cúbica de espacio es un milagro,
> cada yarda cuadrada de superficie de la tierra
> está esparcida con lo mismo,
> cada pie del interior pulula de lo mismo,
> para mí, el mar es un milagro continuo,

los peces nadando —las rocas—
el movimiento de las olas, los barcos con hombres,
¿qué milagros más extraños hay?

Para Whitman, todo era un milagro, y todos sus poemas reflejan tal convicción. En cierto sentido todo es un milagro, pero un verdadero milagro necesita más que esto. Sabemos que la mañana viene después de la noche. Según Whitman, este hecho es milagroso, pero debido a que ocurre todos los días, sin falla, lo damos por sentado. Los milagros del poeta son maravillas, pero ¿son verdaderos milagros?

San Agustín pudo haber estado de acuerdo con Walt Whitman porque creía que "todas las cosas naturales están llenas de lo milagroso".[1] Sin embargo, también creía que la creación del mundo de la nada en sólo seis días era el único milagro verdadero. La vida misma podría ser considerada el único milagro. Hoy en día muchos científicos tratan de descubrir secretos del milagro de la vida.

La definición común de un verdadero milagro es algo que va en contra de las leyes normales de la naturaleza y a veces se le atribuye a una fuerza sobrenatural. En realidad, casi todas las religiones expresan la creencia en los milagros. Santo Tomás de Aquino (c. 1225–1274) creía que un milagro debía ser el producto de algo superior al poder natural de cualquier persona o cosa creada. Como los humanos somos creados, significa que sólo Dios puede hacer milagros.[2] No obstante, otras autoridades religiosas han propuesto diferentes puntos de vista. El papa Benedicto XIV (1675–1758) escribió que un milagro es algo que está más allá "del poder de la naturaleza visible y tangible".[3] Esto significa que los ángeles podrían hacer milagros, al igual que las personas si temporalmente recibieran poderes que normalmente están fuera de su alcance. Un ejemplo de lo último ocurrió cuando el apóstol Pedro curó a un hombre que era cojo de nacimiento (Hechos 3:1-9).

Es comprensible que la iglesia cristiana deseara que todos los milagros fueran atribuidos a Dios, pues luego podría usarlos como evidencia de su existencia. Sin embargo, la Biblia contiene varios casos de milagros, tales como la curación del cojo hecha por Pedro, que fueron realizados por personas. Naturalmente, hacían estas sanaciones en nombre de Dios.

Una mejor definición fue presentada por el teólogo protestante Paul Tillich (1886-1965), quien escribió:

> Un verdadero milagro es primero que todo un suceso asombroso, insólito, inquietante, sin contradecir la estructura racional de la realidad. En segundo lugar está un suceso que indica el misterio del ser, expresando su relación con nosotros de una forma clara. En tercer lugar está un suceso que es recibido como una señal en una experiencia extática. Sólo si estas condiciones se cumplen podemos hablar de un milagro auténtico.[4]

El filósofo y escéptico escocés David Hume (1711-1776) creía que "un milagro puede ser definido con precisión como una trasgresión de una ley de la naturaleza por una volición particular de Dios, o por la interposición de un agente invisible".[5]

En su libro *The Concept of Miracle*, Richard Swinburne definió un milagro como "un suceso extraordinario, producido por un dios, y de significado religioso".[6]

C. S. Lewis (1898-1963), el académico y apologista del siglo XX, definió un milagro como "una interferencia en la naturaleza producida por una fuerza sobrenatural".[7] Lewis creó deliberadamente esta "popular" definición cuando pensó que para la persona del común sería más pertinente que una definición más teológica.

En la actualidad muchas personas eliminan cualquier mención de lo divino, y definen un milagro como una coincidencia extraordinaria. Esto puede crear problemas, como lo sugirió el profesor R. F. Holland en un artículo que escribió para *American Philosophical Quarterly* en 1965, llamado "The Miraculous". Relató una historia acerca de un niño que estaba paseando en un carro de juguete cerca de un paso a nivel. Una rueda del carro se atascó en una de las líneas férreas justo cuando un tren expreso se acercaba. Una curva en la vía impedía que el maquinista viera al niño hasta que fuera demasiado tarde. La madre del chiquillo salió corriendo de su casa y lo buscó justo cuando el tren apareció. Con asombro, el tren se detuvo a unos pies del niño. La mujer agradeció a Dios por el milagro ocurrido, pero en realidad el maquinista no había visto el niño. Se había desmayado, y los frenos se activaron cuando él dejó de aplicar presión a la palanca de control.[8] ¿Fue esto un milagro, una coincidencia, buena suerte o la gracia de Dios? Yo lo definiría como un milagro, porque, si el maquinista no se hubiera desmayado, o esto hubiera pasado uno o dos segundos después, el niño habría muerto. Otros describirían esto como una coincidencia extraordinaria, o tal vez una coincidencia milagrosa. Los cristianos podrían decir que fue la gracia de Dios, mientras otros lo atribuirían al karma o destino del niño. Yo creo que los milagros pueden ocurrirle a personas de cualquier religión y también a quienes no profesan ninguna.

El reverendo Johannes Osiander (1657–1724) fue alguien cuya historia parecía ser un milagro tras de otro. En una ocasión fue atacado por un jabalí pero resultó ileso. Su caballo se cayó durante una inundación, y el reverendo quedó atrapado debajo. De nuevo, no recibió herida alguna. Unos bandidos lo atacaron con una descarga de fusilería, pero fallaron. Fue enterrado por una avalancha, y otra vez salió ileso. Una ventisca lo lanzó al helado río Rin, y él nadó hasta la orilla sin al menos coger un resfriado. Un árbol le cayó encima; por supuesto, el reverendo Johannes salió arrastrándose sin lesiones. En el mar, sobrevivió a un naufragio. El bote que llegó a rescatarlo lo atropelló, pero tampoco resultó herido.9 La mayoría de personas consideraría como un milagro cualquiera de estos casos de supervivencia.

En la vida cotidiana usamos con frecuencia la palabra "milagro" en el sentido que lo hacía Walt Whitman. Alguien que realiza una hazaña magnífica podría ser llamado "un hombre milagroso". Un doctor que cura a alguien con alguna enfermedad mortal, podría ser llamado "hacedor de milagros". En su diario, John Evelyn mencionó "ese milagro de un hombre, el Sr. Christopher Wren".10 Sir Philip Sidney, el poeta-militar isabelino, recibió un elogio similar. Richard Carew, otro poeta, escribió, "¿queremos resumir la prosa y la poesía? Consideremos el milagro de nuestra época, Sir Philip Sidney".11 Sir Philip Sidney murió veintiocho años antes de que estas alabanzas salieran a la luz. Samuel Taylor Coleridge, en su poema "Kubla Khan", escribió, "fue un milagro de forma rara, un soleado lugar de placer con cavernas de hielo".

Hace algunas semanas envié un paquete a un amigo en Inglaterra. La oficina de correos lo entregó en sólo tres días, y mi amigo describió esto como algo "milagroso". Fue un servicio maravilloso, ¿pero en realidad podría ser descrito como un milagro? Hace poco estuve leyendo la sección de deportes del periódico local y vi el titular "triunfo milagroso". Aunque el equipo más débil había ganado este juego en particular, el logro estaba lejos de ser un milagro. Hace unos meses quedamos en encontrarnos con unos amigos para ir al cine, y ellos llegaron justo cuando la película empezaba. Nos dijeron que el tráfico estaba tan difícil que fue todo un milagro llegar al teatro.

La palabra milagro ha transitado un largo camino desde su significado original, derivado del latín *miraculum*, que significa "causar admiración y asombro", y *mirus*, que significa "maravilloso de ver". Por lo tanto, se trata de algo que es extraordinario e inexplicable para los patrones normales; va en contra de las leyes naturales que damos por sentadas. Desde luego que es algo maravilloso de ver. Por consiguiente, a lo largo de la historia la gente se ha acomodado al hecho de que los milagros pueden ser entendidos y explicados en términos de las tradiciones religiosas y culturales de las épocas y las áreas donde ocurrieron.

Creo que hay dos clases de milagros:

1. Milagros que pueden ser atribuidos a la intervención divina, y

2. Milagros que creamos nosotros mismos.

Hace unos meses un amigo me relató un ejemplo del primer tipo de milagro. Su madre estaba gravemente enferma en el hospital, y no se esperaba que sobreviviera. Mi amigo fue a una iglesia por primera vez en más de veinte años y le rezó a Dios. Su madre se recuperó por completo y vivió otros doce años. Este hombre quedó convencido de que Dios respondió a su oración y curó a su madre.

El hecho de que estemos vivos podría ser considerado un milagro, pero el hecho de que tengamos el poder de cambiar y labrar nuestra vida para ser lo que deseamos, es algo aun más milagroso. Este segundo tipo de milagro es el que principalmente trata el presente libro. A propósito, según el diccionario de Webster, la ciencia cristiana puede atribuirse el mérito de esta visión de lo milagroso. Los miembros de esta secta creen que todos tenemos el poder de convertirnos en hacedores de milagros, una vez que dejemos de creer que este concepto es imposible.

Empezaremos con una mirada a los milagros religiosos, ya que en esto es que piensa la mayoría de personas cuando surge el tema. El segundo capítulo presenta milagros de curación. Este es el tipo de respuesta que la mayoría busca al pedir un milagro. El capítulo 3 se enfoca en cómo podemos atraer milagros a nuestra vida. El resto del texto abarca una variedad de métodos y técnicas que podemos usar para transformar nuestra vida, y hacer que cada día sea milagroso. Decida experimentar milagros regularmente, practique las diferentes técnicas de este libro, y hágalos realidad.

UNO

Milagros religiosos

Porque los milagros son por lo general atribuidos a una forma de intervención divina, no es sorprendente que sobresalgan en las historias de las grandes religiones. Según el apóstol Pablo, de no haber sido por el milagro de la Resurrección de Cristo, no valdría la pena considerar el cristianismo. En la primera carta a los Corintios escribió: "Y si Cristo no resucitó, vana es entonces nuestra predicación, vana es también nuestra fe" (1 Corintios 15:14). Willa Sibert Cather escribió, "para mí los milagros de la iglesia parecen no yacer tanto en las caras, voces o el poder curativo que nos llega de repente desde lejos, sino en nuestras percepciones que se agudizan, y por un momento los ojos pueden ver y los oídos oír lo que siempre ha estado ahí cerca de nosotros".[1]

Un ejemplo del milagro religioso se presentó cuando Dios detuvo el Sol en el cielo todo un día para darle a Josué, sucesor de Moisés, tiempo para derrotar a los amorreos (Josué 10:12–14). Si la noche hubiera caído cuando debía, los amorreos habrían podido escapar. Por supuesto, si este milagro realmente ocurrió, Dios debe haber suspendido por un momento otras leyes naturales. De otra manera, todo habría sido lanzado fuera de la tierra cuando ésta dejó de girar durante horas para permitir que el milagro se presentara. Desde un punto de vista científico, la tierra no pudo dejar de girar un día entero, pero, con un milagro, todo es posible.

Un milagro de esta clase no puede ser probado o refutado miles de años después. No hay forma de saber si sucedió como aparece registrado en la Biblia, o si un evento de menor importancia fue exagerado en su contenido. Incluso es posible que la historia sea ficticia y haya sido escrita sólo para darle a la gente un sentido de lo milagroso. Un aspecto notable de este milagro es que Josué le pidió a Dios que parara el movimiento del Sol, y Dios actuó conforme a su petición.

Según la Biblia, hay tres propósitos para un milagro religioso:

1. Glorificar a Dios (Juan 2:11; 11:40),

2. Señalar ciertas personas para que hablen por Dios (Hebreos 2:4), y

3. Dar evidencia para la creencia en Dios (Juan 6:2; 6:14; 20:30–31).

En la Biblia hay cinco aspectos para un milagro:

1. Los milagros son extraordinarios. Crean asombro y respeto. Un arbusto ardiente, y la habilidad de caminar sobre el agua, no son sucesos cotidianos.

2. Los milagros son obra de Dios. Esto presupone que hay un Dios que creó el universo.

3. Los milagros reflejan a Dios. Dios es bueno, los milagros promueven la bondad.

4. Los milagros con frecuencia confirman la verdad de Dios por medio de un siervo de Él (Hebreos 2:4). Por consiguiente, revelan profetas auténticos.

5. Los milagros siempre son hechos con un propósito. Glorifican a Dios y al mismo tiempo prueban su existencia.

Para los cristianos el más grande milagro es la encarnación, cuando Dios se hizo hombre. Una doctrina central de la iglesia cristiana es que Dios se haya hecho hombre en Jesucristo. Esto significa que Jesús era Dios y hombre, y fue una combinación de la naturaleza divina y la humana. Como lo dijo Juan el Evangelista: "aquel Verbo fue hecho carne" (Juan 1:14). El concilio de Nicea (325) concluyó que Cristo fue "engendrado, no hecho", lo cual significaba que era Creador, en lugar de criatura. El concilio de Calcedonia (451) llegó a la conclusión de que Jesús era perfecto en divinidad y humanidad.[2] Ninguna naturaleza fue diluida por esta unión, y la identidad esencial de cada una fue preservada plenamente. C. S. Lewis llamó a esto "el gran milagro".[3]

Quienes creen que Jesucristo es el hijo de Dios, también creen en los milagros, ya que el hecho de Dios hacerse carne y vivir en el mundo es para cualquier estándar un "gran milagro". Sin embargo, Soren Kierkegaard (1813–1855), el teólogo danés, escribió que "el milagro no puede probar nada; porque si no creemos que él es lo que dice que es, negamos el milagro".[4]

Milagros bíblicos

La Biblia es considerada un libro sagrado por cristianos, judíos y musulmanes. La palabra Biblia viene del término griego *biblia*, que significa "libros". Estas compilaciones de "libros" varían de religión a religión, e incluso dentro de las religiones. Por ejemplo, la Biblia católica incluye los Libros Apócrifos, que no son considerados textos canónicos por la religión protestante y la cristiana ortodoxa.

La versión judía de la Biblia es llamada el Tanakh, que consiste en 39 libros del Antiguo Testamento, organizados en un orden diferente al de la Biblia cristiana. Además, por supuesto, el Tanakh es interpretado con la ayuda de una Torá oral que fue dada a Moisés y transmitida de memoria. Finalmente fue escrita en los primeros siglos de la era cristiana y se conoce como la Misná y el Talmud.

Los musulmanes, al igual que los judíos y cristianos, se consideran descendientes espirituales de Abrahán. Su principal texto es el Corán. Sin embargo, consideran que tres secciones de la Biblia son revelación divina: los primeros cinco libros (Pentateuco), los Salmos y los Evangelios.

Es interesante observar que no hay ninguna palabra en la Biblia hebrea que se relacione con el término "milagro".[5] Esto se debe a que la intervención de Dios podía explicar lo que sucedía. Los hebreos eran conscientes de los muchos casos que inspiraban asombro o temor reverencial, y la Biblia está llena de estos relatos.

Cuando el ángel del Señor se le apareció a Moisés en la forma de un arbusto ardiente, que no era consumido por las llamas, Moisés tuvo una sensación de temor reverencial y asombro. No obstante, él no lo describió como un milagro. Éste fue sólo el primero de una serie de sucesos milagrosos que involucraron a Moisés y el pueblo elegido. El más dramático fue cuando las aguas del mar Rojo se separaron para permitirle a los israelitas escapar del ejército del Faraón, que fue destruido por el mar (Éxodo 14:21–29). Este milagro liberó a los israelitas, probando una vez más y para siempre que en realidad eran el pueblo elegido de Dios.

Este es sin duda alguna un gran milagro, pero la Biblia también contiene muchos casos de milagros de menor trascendencia que muestran la compasión de Dios por la gente común. Eliseo presidía una pequeña comunidad de profetas. Uno de éstos murió, y su viuda fue amenazada por un acreedor que dijo que tomaría a sus dos hijos y los vendería como esclavos para saldar la deuda. La viuda acudió a Eliseo para que la ayudara. Él le pidió lo que tenía en la casa. Todo lo que tenía, dijo ella, era un tarro de aceite. Eliseo le indicó que pidiera prestadas todas las vasijas que pudiera de amigos y vecinos y echara en ellas aceite de su tarro. Para el asombro de la viuda, el aceite del tarro llenó los otros recipientes pero también permaneció lleno. Cuando le contó a Eliseo lo que había ocurrido, él le dijo que vendiera el aceite. Esto le dio suficiente dinero para pagar sus deudas, y quedó aun más para su sustento (2 Reyes 4:1–7).

Este relato es similar a la historia de Jesús y la multiplicación de los panes y peces. Con cinco panes y dos peces, Jesús pudo alimentar a cinco mil personas (Mateo 14:15–21; Marcos 6:38–44; Lucas 9:13–17; Juan 6:1–14).

Jesús, por supuesto, hizo muchos milagros, comenzando con el de convertir el agua en vino en las bodas de Caná, Galilea (Juan 2:1–11). Este milagro es distinto a los posteriores, y quizás fue hecho renuentemente, pues le dijo a su madre que aún no había llegado su hora. Jesús realizó muchas curaciones, incluyendo la de un sordo-mudo. Sanó al cojo y ciego. Curó leprosos. Revivió a varias personas. El ejemplo más sobresaliente relata el momento cuando devolvió la vida a Lázaro en Betania (Juan 11:38-44). Otro ejemplo es cuando resucitó al hijo de una viuda en Naín (Lucas 7:11-17. También hizo lo mismo con la hija de doce años de Jairo (Mateo 9:24-25; Marcos 5:35-43, Lucas 8:41-56).

Uno de los milagros más maravillosos de Jesús fue el acto de caminar sobre el agua. En principio, los discípulos temieron, pues pensaron que era un espíritu andando a través del mar hacia ellos. Una vez que se tranquilizaron, Pedro preguntó si también podía caminar sobre el agua. Jesús dijo, "ven", y Pedro descendió de la barca. Al ver las olas sintió temor y empezó a hundirse. "Inmediatamente Jesús le extendió la mano, lo cogió y le dijo, hombre de poca fe, ¿por qué dudaste?" (Mateo 14:25-31).

La mayoría de milagros de Jesús fueron actos de compasión. Hace dos mil años, se creía que las enfermedades eran un castigo divino debido a alguna maldad. Las curaciones de Jesús no sólo restablecían la salud de los enfermos, también quitaban la enorme carga de culpabilidad que llevaban.

No es sorprendente que, siendo el hijo de Dios, Jesús pudiera hacer milagros a su voluntad. La única vez que pareció tener dificultad fue cuando regresó a su tierra natal y experimentó la incredulidad de los habitantes. Jesús dijo suavemente, "no hay profeta sin honra, sino en su propia tierra, y entre sus parientes y en su casa" (Marcos 6:4). A pesar del escepticismo y la incredulidad, "puso sus manos sobre unos enfermos y los curó" (Marcos 6:5).

La Resurrección de Jesús es el más grande milagro cristiano. Representó el triunfo sobre la muerte, y prometió vida eterna para todos los que creyeran en él. Las autoridades romanas y judías habrían mostrado el cuerpo si lo hubieran sacado por alguna razón. Los apóstoles tuvieron muchos problemas y fueron perseguidos cuando comentaron a la gente la Resurrección de Cristo. No habrían persistido con sus afirmaciones si hubieran removido el cuerpo de Jesús.

Hubo más de 500 testigos de la Resurrección de Jesús, quien se le apareció primero a María Magdalena (Juan 20:14–18). Luego volvió a aparecérsele a María Magdalena, esta vez con otra María como testigo (Mateo 28:9–10). Se le apareció a Simón (Lucas 24:34), a dos discípulos en su camino a Emaús (Lucas 24:13–32), y a diez apóstoles (Juan 20:19–25). Tomás no estaba presente en esa ocasión, y dijo que a menos que viera las marcas de los clavos en sus manos, y las tocara, no creería (Juan 20:24–25). Ocho días después, Jesús se apareció ante los once apóstoles, incluyendo a Tomás (Juan 20:26–29). Luego se apareció en el mar de Tiberias a Simón Pedro, Tomás, Natanael, los dos hijos de Zebedeo, y otros dos de sus discípulos (Juan 21:1–14). También se volvió a aparecer a los once apóstoles a fin de prepararlos para su futuro rol (Mateo 28:16–20), a "más de 500 hermanos a la vez" (1 Corintios 15:6), a su hermano Jacobo (1 Corintios 15:7), y a sus discípulos en la ascensión (Lucas 24:50–53; Hechos 1:4–11).

A pesar de estos milagros, no todos creyeron. Juan escribió: "Pero aunque había hecho tantas señales delante de ellos, no creían en él" (Juan 12:37). El mismo Jesús dijo: "Tampoco se persuadirán aunque alguno se levante de los muertos" (Lucas 16:31).

Algunas personas dudan de los milagros de Jesús, mientras otras creen que es sólo una figura mítica. Si las historias de los Evangelios son pura ficción, sería razonable preguntarse por qué Jesús fue mostrado de esa forma. Con seguridad hubiera sido mostrado como un hechicero todopoderoso que hacía muchos más milagros asombrosos que los que se le atribuyen. Por ejemplo, cuando caminó sobre el agua, lo hizo en la noche, y sólo sus discípulos lo presenciaron. Si él hubiera buscado un impacto máximo, habría hecho esto a plena luz del día en presencia de muchas personas.

Los apóstoles de Jesús también pudieron hacer milagros en su nombre. Pedro y Juan curaron a un cojo que les pidió limosna cuando ellos entraban a un templo. Pedro le dijo: "No tengo plata ni oro, pero lo que tengo te doy: en el nombre de Jesucristo de Nazaret, levántate y camina". Pedro lo tomó por la mano derecha y lo ayudó a pararse. De inmediato, el hombre que había sido cojo de nacimiento, empezó a "caminar, saltar y alabar a Dios" (Hechos 3:2–8).

La historia de Simón el hechicero es interesante, pues les ofreció oro a los apóstoles para que le enseñaran cómo hacer milagros. La Biblia dice: "Y cuando vio Simón que por la imposición de las manos de los apóstoles se daba el Espíritu Santo, les ofreció dinero, diciendo: 'Dadme también a mí este poder, para que cualquiera a quien yo impusiere las manos, reciba el Espíritu Santo'. Pero Pedro le dijo: 'Tu dinero perezca contigo, porque has pensado que el don de Dios se obtiene con dinero. No tienes tu parte ni suerte en este asunto, porque tu corazón no es recto delante de Dios'" (Hechos 8:18–21). Esto muestra que la capacidad de hacer milagros depende de la fe y no del dinero.

San Pablo fue responsable de muchas curaciones milagrosas, incluyendo resucitar a un joven llamado Eutico. Este hombre estaba sentado en una ventana del tercer piso de una casa, escuchando la predicación de San Pablo. Al quedarse dormido durante el largo sermón, cayó al vacío. Todos se apresuraron a ayudarlo, pero era demasiado tarde; la caída lo había matado. San Pablo "se lanzó sobre él, y abrazándole dijo: No os alarméis, pues está vivo". Eutico se incorporó, comió y bebió, y habló hasta la mañana (Hechos 20:9–12).

Milagros de los Santos

Aunque Jesús y sus discípulos nunca mencionaron la palabra "santo", individuos que parecen tener una relación especial con Dios, con perfección moral y una cualidad de santidad, son evidentes en todas las religiones importantes, y son llamados "santos". Estas personas son profetas, maestros, sacerdotes, sacerdotisas o guías religiosos.

Los santos ya eran reconocidos cien años después de la muerte de Cristo, cuando la gente empezó a venerar a los mártires como santos. Creían que estos mártires iban directo al cielo y por lo tanto podían ser intercesores eficaces para los vivos.

En el siglo X, el papa Juan XV inició un procedimiento de canonización. Esto se desarrolló gradualmente en un proceso establecido en el cual los candidatos a la santidad debían haber llevado una vida ejemplar y santa, y realizado al menos dos milagros. Por consiguiente, bibliotecas enteras pudieron ser llenadas con libros que relataban milagros de los santos.

Un ejemplo interesante es la aparente inmunidad al fuego que poseía San Francisco de Paula (1416–1507), el fundador de los frailes mínimos. En una ocasión, Francisco visitó a un herrero para que le hiciera un trabajo. El herrero estaba ocupado, y Francisco le preguntó si quedaría suficiente hierro para su trabajo. El hombre señaló un gran trozo de hierro al rojo vivo que estaba disponible. Francisco lo recogió, y cuando el herrero le gritó que lo soltara, respondió que lo estaba cogiendo para mantenerse caliente.

En otra ocasión, ayudó a unos hombres a hacer carbón. Los obreros no hicieron un buen trabajo y las llamas atravesaron la tierra que habían puesto sobre la madera. Mientras los hombres encontraban más tierra, Francisco controló las llamas con los pies descalzos.

San Don Bosco (1815–1888) fue canonizado en 1934. En 1860, él y su madre estaban dirigiendo un albergue para jóvenes desamparados en Turín, Italia. Una mañana, mientras escuchaba confesiones, le dijeron que no había suficientes panecillos para alimentar a más de 300 niños a su cuidado. Don Bosco dijo a las matronas de la casa que reunieran toda la comida que había disponible, y él la distribuyó personalmente. Francisco Dalmazzo, un muchacho que se estaba quedando en la casa, después afirmó que Don Bosco empezó con una canasta de quince a veinte panecillos, que nunca parecían reducirse en cantidad, mientras Don Bosco le daba uno a cada niño.[7] Este milagro fue en esencia una duplicación del que hizo Jesús cuando alimentó a cinco mil personas con cinco panes y dos peces (Mateo 14:14–21; Marcos 6:35–44; Juan 6:5–14).

A lo largo de su vida, Don Bosco fue protegido por un perro fantasma llamado Gerigio, que atacaba a cualquiera que tratara de hacerle daño al sacerdote. En una ocasión, Gerigio se le atravesó a Don Bosco cuando iba a salir del albergue. Poco después, un amigo llegó para advertir al sacerdote de una amenaza contra su vida. Muchas personas trataron de explicar el misterio de Gerigio. Una de las explicaciones más probables es que el ángel guardián de Don Bosco tomaba la apariencia de un perro grande cuando era necesario, ya que era la mejor forma de brindar ayuda.[8]

Juan Bautista María Vianney (1786–1859) también alimentó a una multitud con muy poca comida. Un día descubrió que no tenía suficiente trigo para hornear pan para el orfanato que había establecido en Ars, Francia. Colocando una reliquia de un santo en el trigo, rezó. La mañana siguiente el granero estaba tan lleno de trigo, que la gente pensó que el viejo piso de madera cedería bajo el peso del grano. En otra ocasión, sólo había harina para hornear tres panes, en lugar de los diez que eran necesarios. Juan le dijo a la cocinera que rezara y horneara el pan. Para su asombro, produjo diez panes enormes, cada uno pesando entre veinte y veintidós libras. Cuando ella le dijo a Juan lo que había hecho, según se dice, él le respondió: "Dios es muy bueno. ¡Cuida a los pobres!".[9]

San Juan Vianney hizo una interesante predicción sobre sí mismo en 1852. Sus logros guiaron a una conclusión evidente de que se convertiría en santo, pero él dijo que la ceremonia de canonización sería retrasada por la guerra. Fue beatificado en 1905, y habría sido canonizado en 1914. Sin embargo, la I Guerra Mundial hizo que esto no ocurriera hasta 1925, cuando fue canonizado como el santo patrono de los sacerdotes parroquiales.

San Bruno (c. 1030–1101) fundador de la orden de la Cartuja, no multiplicaba comida, pero tenía la capacidad de transformar aves de corral en tortugas. Un viernes, San Bruno llegó a un monasterio y encontró a todos los monjes sentados frente a platos de carne de ave. Ninguno sabía qué hacer, pues tenían prohibido comer ave los viernes. San Bruno se sentó en la mesa, hizo la señal de la cruz sobre la comida prohibida, y la transformó en tortuga, un alimento que los monjes podían consumir.[10]

Quizás el milagro más increíble de conversión de comida involucró a San Nicolás de Tolentino (1245–1305). Cuando Nicolás estaba próximo a morir, sus colegas no podían dejar de observar lo delgado que había quedado. Decidieron convencerlo para que comiera preparando una comida especial de palomas aliñadas. Nicolás era vegetariano y no comió ese alimento. Se sentó en la cama y agitó sus manos sobre el plato. De inmediato las palomas resucitaron y salieron volando por la ventana, permaneciendo cerca hasta que San Nicolás falleció unos días después. Los monjes creyeron que las palomas transportaron su alma al cielo.[11]

Bilocación

A lo largo de la historia, un pequeño número de santos han podido estar en dos lugares al mismo tiempo. Este fenómeno es llamado bilocación. Uno de los ejemplos más famosos es el de San Alfonso de Ligorio (1696–1787). El 22 de septiembre de 1774, Alfonso estaba meditando mientras permanecía encerrado en la celda de una prisión en Arezzo, Italia. Después de su meditación, dijo a sus compañeros de prisión que el papa Clemente XIV acababa de morir. Los presos no lo creyeron porque evidentemente Alfonso no había salido de la celda, y Roma se encontraba a más de un día de viaje. Uno o dos días después, llegó la noticia de que el papa había fallecido, y Alfonso había sido visto participando en vigilias de oración junto a la cama del moribundo.

Otro ejemplo conocido se refiere a San Antonio de Padua (1195–1231). San Antonio estaba predicando en una iglesia de Limoges el jueves santo de 1226, cuando de repente recordó que debía estar conduciendo un servicio en un monasterio al otro lado de la ciudad. Se arrodilló y rezó, observado por sus fieles. Al mismo tiempo, los monjes en el monasterio vieron a San Antonio entrar para conducir el servicio. Cuando terminó, regresó a su puesto en la capilla. Después de esto, los fieles en la primera iglesia lo vieron detener sus oraciones y terminar el servicio.

Uno de los aspectos extraños de la bilocación es que la persona puede comer, beber y hacer cualquier otra cosa que desee en dos lugares diferentes simultáneamente. Ninguna de estas personas es una aparición. Tampoco se trata de un caso de experiencia extracorporal, en la que el cuerpo astral es visto por otros. La persona existe temporalmente en dos cuerpos al mismo tiempo.

San Martín de Porres (1579–1639) demostró que la bilocación no tiene límite de distancia, ya que fue visto en dos países a la vez. Él vivió toda su vida en el Perú, pero fue visto en Japón y China. San Martín expresó con frecuencia su deseo de trabajar como misionero en el Lejano Oriente. También visitó a un español en prisión en Argel y le dio suficiente dinero para que pagara su rescate. Este hombre, que había sido encarcelado por los turcos, quedó anonadado cuando visitó Lima y vio a San Martín en el monasterio del Santo Rosario.[12]

A María de Ágreda, una religiosa del siglo XVII, sus superioras le dijeron que dejara de hablar de sus visitas a tribus indias en Nuevo Méjico, porque todos sabían que ella nunca había salido de su país natal, España. Sin embargo, al mismo tiempo, el padre Alonso de Benavides en Nuevo Méjico, escribió una carta al papa para hablarle de la "dama de azul" que le había dado a los indios una variedad de objetos, incluyendo un cáliz, para usar al celebrar la misa. El cáliz provenía del convento de María en España.[13]

Los seguidores de Satya Sai Baba dan fe de que él puede bilocarse. Dos investigadores de la American Society for Psychical Research, Karlis Osis y Erlendur Haraldsson, visitaron la India varias ocasiones para examinar estas afirmaciones. Eran escépticos acerca de algunas de las pretensiones de Sai Baba, pero quedaron impresionados por la capacidad de bilocación de otro místico, Dadaji. En 1970, Dadaji estaba visitando a unos devotos en Allahabad. Al mismo tiempo, se bilocó en una casa de Calcuta. Roma Mukherjee, la hija de la familia, estaba leyendo un libro cuando apareció Dadaji. Inicialmente, Dadaji era casi transparente, pero la aparición se hizo más sólida, y el místico le pidió que le trajera una taza de té. Dadaji se la tomó y fumó medio cigarro, antes de desaparecer.[14]

La bilocación es un fenómeno raro, pero desde luego puede ser clasificado. San Martín de Porres era bastante prosaico acerca de sus capacidades en esta dirección. Cuando alguien le preguntó al respecto, al parecer respondió que si Dios pudo multiplicar los peces y los panes, también podía duplicarlo a él.

Levitación

Los registros de la iglesia católica romana muestran que más de 200 santos han superado la ley de la gravedad y levitado. En realidad, hay tantos casos de levitación registrados, que la iglesia católica ya no considera esta extraña habilidad como evidencia de santidad. De hecho, en ocasiones, la levitación involuntaria de sacerdotes y monjes ha resultado embarazosa. José de Copertino (1603–1663) es un buen ejemplo. Sus levitaciones se hicieron tan famosas, que llegó a ser conocido como el "fraile volador". Siempre había sido considerado una persona difícil, y estando en un monasterio antes de enfrentar cargos de herejía, varias monjas lo vieron elevarse por el aire desde un rincón de la capilla hasta el altar, y regresar de nuevo al lugar de partida. El siguiente caso registrado de su capacidad para levitar, fue cuando se arrodilló en el suelo para besar los pies del papa Urbano III. En lugar de besar los pies del Sumo Pontífice, entró en un estado de éxtasis y se elevó varios pies en el aire. Estando en Asís, ascendió quince pies sobre las cabezas de otros devotos para besar una pintura de la Virgen María.

La historia de levitación más famosa de José ocurrió cuando paseaba por el jardín de un monasterio con el padre Antonio Chiarello. Cuando este último hizo comentarios sobre la belleza del cielo que Dios había creado, José entró en éxtasis y se elevó por el aire, postrándose luego en la cima de un olivo. Quienes presenciaron esta levitación comentaron con asombro que la rama en la que se posó apenas se movió, como si hubiera recibido el peso de un pequeño pájaro en lugar de un hombre adulto. José permaneció en estado de éxtasis durante una hora, antes de regresar a la normalidad. Los otros monjes necesitaron una larga escalera para bajarlo.

En una ocasión, José levitó junto con un espectador. Durante un servicio especial en la iglesia de Santa Chiara en Copertino, José estaba arrodillado rezando, cuando el sacerdote que conducía el servicio dijo, "ven, esposa de Cristo". De inmediato José corrió hacia un sacerdote de Secli, quien por casualidad se encontraba ahí, tomó su mano y levitó en el aire, llevando consigo al asustado clérigo.[15]

Aunque en principio fue perseguido, la iglesia terminó aceptando las levitaciones de José como obra de Dios. Incluso cuando estaba muriendo, el doctor que lo atendía observó que José flotaba seis pulgadas por encima de su cama.[16]

Santa Teresa de Ávila (1515–1582) fue famosa por sus levitaciones. Sin embargo, estas levitaciones involuntarias la avergonzaban. Cada vez que sentía que estaba a punto de levitar, les pedía a las hermanas que la sujetaran.

La levitación no es sólo prerrogativa de los santos. El Frankfurter Zeitung del 8 de septiembre de 1861, contenía un artículo sobre un servicio en la iglesia de Santa María de Viena, el domingo anterior. "Poco después del comienzo del sermón, una joven de unos veinte años de edad, mostró todas las señales de éxtasis, y pronto sus brazos se cruzaron sobre su pecho, y con los ojos fijos en el predicador, fue vista por todos los fieles elevarse gradualmente y quedar a más de un pie del suelo hasta el final del sermón. Nos aseguraron que el mismo fenómeno había ocurrido varios días antes en el momento de recibir la comunión".

La levitación es menos común fuera de los círculos religiosos. Sin embargo, se dice que el médium Daniel Dunglas Home levitó al menos en cien ocasiones, a veces estando parado, y otras sentado en una silla. En los últimos casos, usualmente la silla se elevaba con él.

Reliquias

Las reliquias han jugado un papel muy importante en muchas religiones. Los ejemplos incluyen fragmentos de la cruz de Jesús, el diente sagrado de Buda, y el cabello del profeta Mahoma.

Las reliquias sagradas se remontan a los inicios de la iglesia cristiana. En el año 326, Helena, madre del emperador Constantino, hizo una peregrinación a Palestina. Estando ahí, un devoto judío la llevó a un lugar donde se creía que Jesús había sido crucificado. Cuando la tierra fue removida, tres cruces fueron encontradas. Helena quiso averiguar cuál de ellas era la de Cristo. Según una versión de esta historia, un cuerpo muerto fue puesto sobre cada cruz. Milagrosamente volvió a la vida cuando fue colocado sobre la cruz de Jesús. Otras versiones dicen que una mujer enferma recuperó la salud cuando la tocó. Helena llevó a Roma la mitad de la cruz, junto con la corona de espinas y los clavos que habían sido usados para asegurar a Jesús, convirtiéndolos en las primeras reliquias religiosas de la iglesia cristiana.[17]

En un principio las reliquias fueron objetos de devoción piadosa, pero no pasó mucho tiempo para que se reportaran milagros atribuidos a ellas. San Agustín informó que setenta milagros fueron registrados en las reliquias de San Esteban, sólo en Hippo-Regius. En sus *Confesiones*, San Agustín mencionó muchos milagros que fueron obra de reliquias. Por ejemplo, un hombre ciego de Milán recuperó la visión cuando tocó la tela que cubría los huesos de dos antiguos mártires, Protavio y Gervasio.

En la Edad Media se reportaron cientos de miles de curas similares atribuidas a las reliquias.[18] Las iglesias que tenían estas reliquias religiosas hicieron con ellas grandes sumas de dinero, y esto motivó a otras iglesias a afirmar fraudulentamente que también poseían reliquias auténticas. Cuando la gente se educó más, la creencia en las reliquias declinó.

Santuarios

Los santuarios sagrados todavía son sitios de peregrinación populares. En tiempos medievales, grandes números de personas enfermas y débiles hacían largos viajes a los santuarios de santos en Glastonbury, Lindisfarne, Canterbury, Westminster, San Albans y otros lugares, buscando una cura milagrosa. A veces ocurrían milagros. Más de quinientos milagros tuvieron lugar en el santuario de Santo Tomás Becket. Se dice que treinta y nueve personas han sido levantadas de la muerte en la iglesia del Santo Crucifijo de Bronholm en Norfolk, y otras doce fueron curadas de la ceguera.[19]

Los estigmas

Los estigmas son la aparición de heridas que reproducen las de Cristo en la cruz. Aparece sangre en las manos y los pies, y a veces al lado derecho donde Jesús fue penetrado por una lanza, y la frente donde tuvo una corona de espinas. Las heridas aparecen y desaparecen, y a veces surgiendo de nuevo en ocasiones específicas como el viernes santo o el día de Navidad. Aunque en algunos casos las heridas permanecen abiertas por largos períodos de tiempo, nunca hay infección.

La primera persona conocida en recibir los estigmas fue San Francisco de Asís, quien manifestó las heridas en 1224 mientras oraba en el monte Averno. Trató de ocultarlas de sus seguidores, pero fue imposible. Sin embargo, aunque se cree que San Francisco fue el primero, es posible que San Pablo haya sido un estigmático. En la Epístola a los Gálatas (6:17), él escribió: "De aquí en adelante nadie me cause molestias; porque yo traigo en mi cuerpo las marcas del Señor Jesús".

Desde entonces, ha habido muchos relatos de estigmáticos. Las heridas parecen surgir como resultado de un éxtasis religioso. Una mujer bávara, Teresa Neumann (1898–1962) recibió los estigmas cada viernes durante 32, iniciando en la Pascua de Resurrección de 1926, y allí perdía hasta una pinta de sangre cada vez que ocurrían los estigmas. En estado de trance, ella yacía totalmente rígida en la cama, y se reanimaba cada momento del Calvario y la crucifixión. Se dice que también podía hablar en arameo y otras lenguas mientras estaba en este estado, pero no lo hacía normalmente. Podía responder preguntas estando en trance, y parece que sus descripciones de Jerusalén en la época de Jesús eran precisas. Los estigmas duraban uno o dos días, pero Teresa quedaba restablecida para ir a la iglesia los domingos. Ella usaba guantes blancos para ocultar las cicatrices.[20]

Otro estigmático bien conocido fue el padre Pío da Pietrelcina (1887–1968). Un día, el 20 de septiembre de 1918, el padre Pío estaba solo en la capilla de un monasterio en San Giovanni Rotondo. La misa se acabó, pero el padre Pío siguió arrodillado en frente de una estatua de la crucifixión. De repente, los otros frailes lo oyeron gritar de dolor. Cuando lo encontraron, su sangre brotaba de agujeros profundos en sus manos y pies, y de una herida en la parte izquierda del pecho. Estas heridas nunca sanaron por completo y de tiempo en tiempo volvían a sangrar.

La iglesia católica no compartía la atención que le dieron los estigmas al joven sacerdote. Los reportajes de los periódicos de ese tiempo mencionaban las largas filas de personas que querían confesarse sólo con el padre Pío.[21] El 5 de julio de 1923, la Sagrada Congregación del Santo Oficio declaró que lo sucedido al padre Pío no había sido probado como sobrenatural. Esto no resolvió la situación. Los libros sobre el padre Pío fueron prohibidos, y un intento por sacarlo de San Giovanni Rotondo fracasó cuando los habitantes del área amenazaron con usar la fuerza si era necesario.

Un culto creció alrededor del padre Pío, en especial cuando parecía que sanaba a distancia. Podía bilocarse, apareciendo a personas de toda Europa, mientras era visto al mismo tiempo en San Giovanni Rotondo. Las personas olían un perfume fuerte cuando él hacía tales apariciones.

Una de sus curaciones involucró a un granjero de Padua que tenía embolia en ambos pulmones. Este hombre oró por ayuda, y tuvo lugar la aparición de un monje barbado, quien puso su mano sobre el pecho del campesino, sonrió y luego desapareció. De inmediato el granjero sintió que había sido curado, lo cual resultó ser cierto. Meses después al ver una fotografía del monje que se le había aparecido, descubrió que era el padre Pío. De inmediato se dirigió a Foggia, asistió a la misa de la mañana y luego se fue a confesar con el padre. Antes de tener la oportunidad de presentarse y explicar por qué estaba ahí, el padre Pío le preguntó: "Y dime, ¿qué hay de los pulmones ahora? ¿Cómo se encuentran?"[22]

Un milagro aun más notable ocurrió cuando, en 1929, el padre Pío sanó al doctor Ricciardi, un hombre que consideraba que el padre era un fraude. Cuando el doctor Ricciardi contrajo un tumor cerebral incurable, les dijo a sus parientes que quería morir en paz y no deseaba ver ningún sacerdote. Si alguno llegaba a visitarlo, lo hacía abandonar la casa. Un día, cuando el doctor estaba próximo a morir, abrió los ojos y vio al padre Pío en la entrada de su alcoba. El padre entró a la habitación y empezó a orar en latín, pidiendo paz para la casa y todos los que ahí vivían. Cuando terminó, le preguntó al doctor si aceptaba de él el santo óleo que usaba para ungir a los moribundos. El doctor estuvo de acuerdo.

"Tu alma está bien", dijo el padre Pío. "Y en sólo unos días tu cuerpo también estará bien otra vez".

El padre Pío tenía razón, la salud del doctor Ricciardi se restableció por completo.[23] El padre Pío también fue famoso por su capacidad de bilocarse, y en 1942 lo hizo junto a la cama de un amigo moribundo, el monseñor Damiani, en Salto, Uruguay.

Muchos estigmáticos también producen anillos rojos que rodean la carne del dedo anular. Son llamados anillos de desposorio, y las personas que los reciben creen que fueron puestos en sus dedos por Cristo. Marie-Julie Jahenny es el ejemplo de una estigmática que recibió un anillo de desposorio en 1873, cuando tenía veintitrés años de edad. El anillo nunca desapareció, y parecía que fuera hecho de coral rojo.[24]

Ha habido más de trescientos casos reportados de estigmatización. La mayoría de estas personas han sido mujeres.[25] Casi todos los casos se han presentado en personas profundamente religiosas, pero hay registros de un pequeño número de estigmatizaciones no religiosas.

En la religión islámica también han ocurrido estigmatizaciones. Estos estigmas aparecieron en personas que habían contemplado las heridas de batalla del profeta Mahoma.[26]

El fenómeno de los estigmas ha sido investigado en detalle a través de los años. No todos lo atribuyen a la intervención divina. Un argumento para esto es que la localización exacta de los estigmas varía de persona a persona, y con frecuencia corresponde a las mostradas en una imagen de Cristo que es familiar para el estigmático. Algunos dicen que los estigmas son causados en personas que encuentran difícil vivir en conformidad con los ideales imaginados de una vida cristiana. Otros creen que es un castigo por deseos sexuales irreconciliados. Sin importar cuáles son las causas, las heridas reales se comportan de manera misteriosa. No pueden ser curadas por la ciencia médica contemporánea, pero tampoco se inflaman o infectan. Algunos estigmáticos sangran constantemente, mientras otros lo hacen sólo en días significativos, tales como viernes y domingos.

Estatuas sangrantes

¿Cómo es posible que estatuas de yeso de la Madona lloren, o que estatuas similares de Cristo sangren? En 1968, una estatua de tamaño natural de Cristo, en Porto das Caixas en Brasil, empezó a sangrar, para la consternación del monaguillo que la descubrió. Este crucifijo tenía trescientos años de antigüedad. Un día después de ser descubierto, el primer milagro de curación fue reportado. Hacia 1976, ocho de los muchos milagros que habían sido hechos por la estatua fueron ratificados por una comisión establecida por el arzobispo Antonio de Almeida Moraes. La sangre fue examinada por el doctor Enias Heringer, quien la encontró auténtica.[27]

En 1974, una estatua de la Virgen en Caltanisetta, Sicilia, empezó a sangrar en la mejilla derecha. Se detuvo algunos años, y luego volvió a hacerlo en 1981.

En 1975, el doctor Joseph Rovito radiografió una estatua de yeso que sangraba en las manos los viernes y otros días santos. El sangrado duraba hasta cuatro horas. El doctor Rovito quedó asombrado por lo que descubrió. La sangre era auténtica, pero tenía una cuenta muy baja de glóbulos rojos, lo cual indicaba que era muy antigua.[28]

Han habido muchos más casos de estatuas que lloran y sangran. También se ha presentado al menos un caso de una tarjeta postal de Jesús sangrando. El aspecto fascinante de todos estos sucesos es que las lágrimas y la sangre fluyen de sitios que uno esperaría. Las lágrimas salen de los ojos de la Virgen, mientras la sangre aparece en la frente, manos, pies y el costado de Jesús.

Se ha sostenido que estas extrañas manifestaciones son causadas inconscientemente por la fuerte fe de los que las experimentan. Sin embargo, incluso si este resulta ser el caso, de todos modos el fenómeno es milagroso.

Milagros islámicos

Los milagros atribuidos a Jesús son fundamentales para la fe cristiana. Los atribuidos a Mahoma no son parte integral de la religión islámica, y parecen estar sólo relacionados con su vida y enseñanzas. De hecho, en algunos libros, los milagros de Mahoma aparecen en listas, en lugar de ser descritos en detalle. Un ejemplo notable de esto es la lista de 45 milagros aparecidos en el libro Book XX del *Ihyâ ùlum ad-din*, hecha por el teólogo medieval Abu Hamid al-Ghazzali, quien murió en 1111 d. de C.[29]

El primer milagro listado es uno famoso en el cual Mahoma dividió la Luna en dos mitades para que el monte Hira pudiera ser visto entre ellas. Hizo esto para convencer a sus enemigos, los quraysh, de que sus revelaciones eran auténticas.

En varias ocasiones el Profeta alimentó a grandes grupos de personas con pequeñas cantidades de comida. Por ejemplo, alimentó a más de ochenta hombres con cuatro pasteles de cebada que podían ser cogidos con una mano. En otra ocasión, Mahoma notó que eran muy pocas las provisiones del ejército con el que él estaba. Pidió que le llevaran todo, lo bendijo, y luego lo redistribuyó. Cada vasija en el campamento quedó llena.

También produjo agua de pozos que estaban secos. En otra ocasión, el agua apareció entre sus dedos, y pudo calmar la sed de todo un ejército. La capacidad de producir agua en regiones desérticas es naturalmente asombrosa.

Cegó a un ejército enemigo soplándole un puñado de polvo. Llamó a dos árboles, que llegaron a él y se unieron, hasta que les ordenó separarse. Mahoma también hizo milagros de curación. Un ojo de uno de sus compañeros quedó colgando en la mejilla. Mahoma lo colocó de nuevo en su sitio y sanó por completo. Curó el pie heridofmás grande milagro, y él era de otro compañero con sólo frotarlo.

En una ocasión hizo lo contrario. Le preguntó a un hombre si podía casarse con su hija. En lugar de decir "no", el padre dijo que ella tenía lepra. Mahoma dijo, "que así sea", y la mujer se volvió leprosa.

El viaje nocturno y la ascensión de Mahoma son los aspectos más importantes de su vida. El viaje nocturno dice cómo el arcángel Gabriel llamó a Mahoma y lo llevó en un caballo alado a Jerusalén, donde se reunió con los anteriores profetas, desde Adán hasta Jesús. Mahoma los guió a todos en la oración, demostrando su precedencia sobre los otros.

Después de esto, hizo una visita al cielo. Hay muchos relatos de la ascensión de Mahoma. En todas las versiones, Gabriel lo lleva a través de varios niveles del cielo, encontrándose con diferentes profetas a lo largo del camino. Habló con Adán en el primer cielo, y con Juan Bautista y Jesús en el segundo. Dialogó con Moisés y Abrahán en el sexto cielo. Luego trepó el árbol de la vida y vio cuatro ríos, dos visibles y dos ocultos. Gabriel le dijo que los dos ocultos estaban en el paraíso, y que los visibles eran el Nilo y el Eufrates. Luego le trajeron recipientes de vino, leche y miel, demostrando que la tierra de los árabes era sagrada, y contenía leche y miel, exactamente lo mismo que lo prometido a los antiguos hebreos. El punto culminante de la ascensión fue cuando Mahoma vio a Dios. Algunos relatos dicen que lo vio de frente, mientras otros afirman que lo divisó a través de una nube.

En algunas versiones de la ascensión, Mahoma pide ver por un momento el infierno, y le mostraron el tormento de las personas condenadas a pasar la eternidad en ese lugar.

El viaje nocturno y la ascensión juegan un papel especial en el Islam. Demuestran que Mahoma es el más grande de todos los profetas, alguien con el suficiente privilegio de ver el cielo y el infierno. Y lo más importante, por supuesto, Mahoma también vio a Dios.

Mahoma también recibió un favor especial al final de su vida. Cuando Azrael, el ángel de la muerte, llegó a él, Mahoma le pidió una hora adicional porque quería hablar con Gabriel. Éste llegó con setenta mil ángeles, y cantaron versos del Libro Sagrado. Mahoma se despidió de Fátima, su esposa, y le dijo que se reuniría con él en seis meses. Se despidió de sus hijos y nietos, luego cerró los ojos y murió.

La religión musulmana acepta los milagros, y cree que Alá hizo milagros a través de Moisés, Salomón y Jesús. Es interesante observar que el profeta Mahoma no afirmó haber realizado milagros. Consideraba al Corán como el más grande milagro, y él era sólo un mensajero humano.[30] A pesar de esto, su nacimiento y vida han estado envueltos en varios detalles milagrosos.

Los milagros son mencionados pocas veces en el Corán. La palabra para milagro en el Corán es Çya, que significa una aparente señal o marca por la cual algo es conocido. En el sutra 6:109, leemos: "Hacen sus más fuertes juramentos por Alá, que si les llega una señal, por ella creerán. Dirán: 'desde luego, las señales están en el poder de Alá, pero lo que los hará darse cuenta que si las señales

llegaron, no creerán'".[31] "Las señales están en el poder de Alá",
muestra que señales extraordinarias ocurrirán para dar evidencia
de la misión divina del Profeta.

Los místicos islámicos, conocidos como sufís, creen implícita-
mente en los milagros, y hacen peregrinaciones a las tumbas de santos que tienen el poder de dar *barakah* (bendiciones), incluso después de la muerte. El culto de santos juega un papel importante en
la creencia popular. Varias tumbas de santos han sido destruidas por
fanáticos religiosos que creen que este culto no es parte del verdadero Islam.

Milagros judíos

Hay un viejo refrán judío que dice: "El que no cree en milagros no
es realista". Muchos milagros están registrados en el Talmud, una
compilación de leyes, leyendas y tradiciones judías, además de los
escritos sagrados.

En la tradición judía se cree que los milagros pueden darse usando
los nueve nombres de Dios que son encontrados en los sephiroth, los
diez estados del ser en la cábala. Esto viene de la oración de apertura
del Evangelio según Juan, que dice: "En el principio era el Verbo, y el
Verbo era con Dios, y el Verbo era Dios" (Juan 1:1). Sin embargo, los
nombres en los sephiroth son en realidad sustitutos de los nombres
secretos, por eso debe haber existido la creencia de que las personas
que recitaban tales nombres hicieran ocurrir milagros. Los nueve
nombres son:

Ehieh (o Emet)

Iod

Tetragrammaton Elohi

Él

Elohim Gebor

Eloah Va-Daath

El Adonai Tzabaoth

Elohim Tzabaoth

Shaddai (o El Chai)

Él es el término hebreo para Dios, y Elohim es la forma plural. Es interesante observar que cuando Moisés le preguntó a Dios su nombre, la respuesta fue: "Yo soy el que soy" (Éxodo 3:14).

Los cabalistas se interesaron en los milagros. El judaísmo rabínico no se interesó mucho, pues se enfocó principalmente en hacer la voluntad de Dios de acuerdo a su ley. No obstante, el movimiento hasídico, que se inició en el siglo XVIII, tuvo una firme creencia en el poder mágico y los milagros de los santos y rabinos hasídicos.[32]

Milagros budistas

Gautama Buda hizo varios milagros, pero tendía a restarles importancia porque pensaba que no tenían trascendencia espiritual. Pese a esto, el universo hizo que fenómenos milagrosos ocurrieran en momentos importantes de su vida, incluyendo el nacimiento, la iluminación y la muerte. Se presentaron fenómenos tales como terremotos, flores cayendo del cielo, la germinación de árboles cargados de joyas, y la aparición de ríos perfumados.

Los santos budistas también estuvieron rodeados por fenómenos milagrosos, y parecían ser casi sobrenaturales. Podían controlar el tiempo y el espacio, la vida y la muerte, y al parecer tenían un total control sobre el universo entero. Mahakasyapa, un discípulo de Buda, es un buen ejemplo de un santo budista. Podía volar mágicamente, hacer transformaciones, y enseñar tanto a seres humanos como a sobrenaturales.33

Después de la muerte de Buda, a las reliquias asociadas con él se les atribuyeron innumerables milagros. Según el Anguttara Nikaya, una compilación de proverbios de Buda, él enseñó que habían tres tipos de milagros: el milagro de la magia, el milagro de la adivinación del pensamiento, y el milagro de la instrucción. Buda consideraba este último como el más importante, y creía que los dos primeros no eran más que trucos de ilusionista.

En el Tibet, se dice que imágenes mágicas, y a menudo hablantes, de la diosa Tara poseen un poder milagroso. Se cree que Tara protege a los tibetanos desde el nacimiento hasta después de la muerte. No es sorprendente que sea muy popular, y las personas comparten sus penas y alegrías con ella. Hay muchas historias de los increíbles poderes que sus imágenes pueden brindar.

Un buen ejemplo involucra a un indigente que encontró la imagen de Tara sobre una roca. Allí se arrodilló y le oró. Cuando se paró, la imagen señaló un sepulcro. El cavó un hueco donde le fue indicado, y halló una vasija llena de joyas. Ahora el indigente era un hombre muy rico, pero usó el dinero para ayudar a los demás, y durante siete generaciones la pobreza desapareció. Como retribución, él gozó de muchas encarnaciones en las que vivía para convertirse en un hombre rico.34

Otro ejemplo tiene que ver con un criado que fue atacado por un yac salvaje. El hombre habría sido corneado, pero debido a que llevaba una imagen de Tara, los cuernos del yac se doblaron sobre su cuerpo y no le causaron daño.

En 1968, un artículo de la revista tibetana Shes-bya reportó que un inglés había comprado una imagen de Tara, e intentado sacarla ilegalmente de Nepal. Sin embargo, cuando iba a subir al avión, la maleta que contenía la imagen se hizo cada vez más pesada, hasta que ya no pudo levantarla. Esto alertó a los oficiales de aduanas que confiscaron la imagen.[35]

Los milagros religiosos son importantes, pues revelan el poder y el potencial de una religión particular para la población en general. Sin embargo, para la mayoría de gente, un milagro personal, tal como la curación de una enfermedad, sería mucho más importante. Veremos los milagros de curación en el siguiente capítulo.

DOS

Milagros de curación

LOS MILAGROS DE curación tienen una historia que data de miles de años atrás. En la Biblia, el segundo libro de los Reyes contiene un buen ejemplo al respecto. Naamán, general de la hueste del rey de Siria, era un exitoso militar y hombre honorable. Sin embargo, todo su éxito no significó nada cuando contrajo lepra. Su esposa tenía una criada, una joven judía, quien sugirió que Naamán visitara a Eliseo, el famoso curador-profeta de Samaria. El rey de Siria estuvo de acuerdo, e incluso ofreció escribir una carta al rey de Israel.

El rey de Israel no recibió con agrado la carta. Después de todo, esto podía causar problemas entre los dos países si Eliseo no curaba a Naamán. Eliseo tranquilizó al rey y sugirió que la visita de Naamán sería buena desde el punto de vista político.

Al llegar a su destino, el gran general fue instruido por uno de los sirvientes de Eliseo a que se lavara siete veces en el río Jordán. Naamán quedó decepcionado. Él esperaba algo mucho más dramático y milagroso que esto. Después de todo, ¡los ríos de Siria eran muy superiores al río Jordán! Naamán dio la vuelta e inició su regreso a casa. Sus sirvientes le sugirieron que al menos lo intentara después de haber hecho semejante viaje.

Naamán cumplió con las siete sumergidas en el río Jordán. Para su asombro, "su carne se volvió como la carne de un niño, y quedó limpio" (2 Reyes 5:14). Después de esta milagrosa curación, Naamán regresó ante Eliseo y le ofreció un gran pago. Naamán quedó asombrado otra vez cuando Eliseo rechazó tal retribución. De ahí en adelante Naamán anunció que sólo adoraría al dios de Israel.

Pero la historia aún no había terminado. Giezi, uno de los criados de Eliseo, pensó que debía recibir una recompensa. Después de todo, era sirviente del gran curador. Corrió tras el general sirio y le rogó que le diera dos talentos de plata y dos vestidos nuevos. Cuando regresó a la casa de su señor, Eliseo sabía lo que él había hecho. Como castigo, pasó la lepra de Naamán a Giezi, quien "salió de delante de él leproso, blanco como la nieve" (2 Reyes 5:27).

Jesús fue un renombrado sanador, como ya lo hemos visto. Además era un psicólogo experto. Cuando Jesús visitó el estanque de Betesda, encontró un hombre que había sido cojo durante treinta y ocho años. A pesar de todo este tiempo, el hombre no había hecho un esfuerzo real por entrar al agua para ver si podía ser curado. Tenía una excusa, por supuesto. La primera persona en entrar al estanque después de que el agua había sido agitada por un ángel, fue curada. El paralítico dijo que no tenía quien lo metiera en el estanque cuando se agitaba el agua, y cuando trataba de hacerlo, otros se le adelantaban. Él se beneficiaba permaneciendo enfermo, y disfrutaba recibir la compasión y las limosnas de otras personas. Es común que algunos en realidad prefieren permanecer enfermos, y con frecuencia esto es la excusa para no enfrentar las exigencias de la vida. Tales individuos pueden decir que desean ser sanados, y ensayar todos los métodos de curación disponibles, pero debido a que subconscientemente se están beneficiando de la enfermedad, ningún método curativo funcionará. Jesús lo sabía, por eso le preguntó al hombre, "¿quieres ser sano?". Cuando recibió una respuesta afirmativa, Jesús le dijo al enfermo que se levantara, tomara su lecho y andara (Juan 5:6).

La antigua iglesia cristiana dio un fuerte énfasis a la curación. Un ejemplo de esto fue cuando el apóstol Pedro curó a un hombre paralítico. Eneas había estado en cama durante ocho años. Pedro le dijo: "Eneas, Jesucristo te sana; levántate, y haz tu cama" (Hechos 9:34).

En la actualidad, en centros de curación famosos tales como Lourdes, la iglesia católica da más énfasis a restaurar la fe de la gente que a recibir milagros curativos. De hecho, Bernadette Soubirous, la campesina que vio a la reina del cielo en una gruta en Lourdes en 1858, tuvo poco interés en el aspecto curativo de su experiencia. Se interesó más en que las personas usaran la capilla para renovar su fe.

Bernadette era una niña tranquila y obediente de catorce años de edad, la mayor de seis hermanos. Una tarde, ella, su hermana y otra niña estaban cogiendo leña en la ribera del río Gave. Bernadette se había quedado atrás de las otras dos. Cuando pasó por una pequeña cueva, oyó un ruido extraño, como una brisa repentina. Sin embargo, no había ondas en el agua. Observó una extraña nube blanca y dorada justo frente a ella. De esta nube salió una hermosa señorita, brillando con una luz rara. El cabello caía hasta sus hombros y usaba un traje blanco con una faja azul en su cintura. Bernadette cayó de rodillas, y aún estaba rezando cuando llegaron las otras dos niñas.

Cuando regresaron a casa, la mirada extática fue de inmediato evidente para sus padres. A pesar de pedir a las otras niñas que prometieran guardar el secreto, la noticia se regó rápidamente en la pequeña aldea. Tres días después, Bernadette volvió a la ribera del río, y la mujer se le apareció de nuevo. Esta vez, aldeanos curiosos la siguieron, pero no vieron nada. Obviamente, sufrió de burla por su amiga imaginaria. Cuatro días después, el 18 de febrero, Bernadette vio de nuevo a la mujer, y en esta ocasión ella le habló por primera vez, diciéndole que regresara al mismo sitio todos los días durante dos semanas. Le prometió gran felicidad en el otro mundo.

La multitud crecía cada día cuando Bernadette regresaba a la cueva y hablaba con la imagen que sólo ella podía observar. Luego, el 25 de febrero, los aldeanos vieron a Bernadette remover tierra con sus manos. Allí apareció un pequeño charco, y la niña bebió de él. Este charco se convirtió en una fuente.

En una de sus conversaciones con aquella mujer, Bernadette le preguntó quién era. La mujer respondió, "yo soy la Inmaculada Concepción".[1]

El 2 de marzo, con mil seiscientas personas observando, la imagen le dijo a Bernadette que construyeran una capilla en el sitio. El sacerdote de la aldea, Dominique Peyramale, no estaba convencido. Llamó mentirosa a Bernadette, e insistió en que la aparición se nombrara por sí misma y también hiciera la floración de un rosal en los siguientes dos días. Veinte mil personas llegaron a ver el milagro, pero el rosal no floreció y la aparición permaneció en silencio. Sin embargo, entre la multitud se regó el rumor de que Bernadette había restablecido la visión de una joven ciega soplando suavemente sobre sus ojos.

Hoy ya es demasiado tarde para que los párrocos detengan el frenesí, y en la actualidad cinco millones de personas viajan a Lourdes cada año. Unas sesenta y cinco mil esperan un milagro curativo. Tristemente, estas pocas semanas resultaron ser la cúspide de la vida de Bernadette. Después de interrogatorios molestos por parte de miembros de la iglesia, Bernadette fue enviada a un hospicio, y luego se convirtió en monja. Murió de tuberculosis, asma y otras complicaciones, en 1879, a la corta edad de 35 años. Cerca del final de su vida, dijo conmovedoramente: "serví a la Virgen María como una simple escoba; cuando ya no tuvo que usarme más, me devolvió a mi lugar detrás de la puerta".[2] Cuando le preguntaron por los milagros que ocurrieron en el santuario, la respuesta de Bernadette fue: "me han dicho que han habido milagros, pero . . . no los he visto".[3]

El International Medical Committee of Lourdes (IMCL) investigó todas las curas repentinas e inexplicadas, y sólo consideró sesenta y cinco de ellas como "inexplicables científicamente". Prefieren no usar la palabra "milagros". Han sido descartados seis mil casos en que las personas afirmaron haber recibido una cura milagrosa.[4] Los casos inexplicables científicamente son trasladados al Vaticano, que decide si ha ocurrido o no un milagro.

Uno de tales casos involucró a Pierre de Rudder, un belga, quien se partió la pierna cuando un árbol cayó sobre él en 1867. Los doctores quisieron amputar el miembro herido, pero Pierre se rehusó, a pesar del dolor constante e intenso. Eventualmente, su patrón arregló las cosas para que él hiciera una peregrinación a Lourdes. El doctor Van Hoestenberghe lo examinó en enero de 1875, sólo unos días antes del viaje. Él escribió: "Rudder tiene una herida abierta en la parte superior de la pierna. En esta herida uno puede ver los dos huesos separados por un distancia de tres centímetros [unas 1.2 pulgadas]. No hay señal de curación . . . La parte inferior de la pierna puede ser movida en todas las direcciones. El talón puede ser levantado como si se doblara la pierna en la mitad. Puede ser torcida, con el talón al frente y los dedos atrás, y todos estos movimientos sólo son restringidos por los tejidos blandos".[5]

El santuario estaba lleno de gente cuando Pierre llegó a Lourdes. Él intentó caminar dos veces alrededor del santuario, pero el dolor era demasiado fuerte. Se sentó y rezó. Estaba emocionado. Luego de varios minutos, se paró y caminó sin vacilar hasta la estatua de Nuestra Señora de Lourdes, donde se arrodilló. De repente Pierre se dio cuenta de lo que había hecho. Se paró otra vez y caminó alrededor del santuario. Su esposa se desmayó al ver lo sucedido.

Cuando Pierre regresó a casa, el hijo menor, quien nunca había visto a su padre sin muletas, se negaba a creer que se tratara de él.

Dos médicos, incluyendo al doctor Van Hoestenberghe, lo examinaron y descubrieron que había sido curado por completo. Sus piernas tenían la misma longitud otra vez, el hueso estaba reparado, y la herida había desaparecido.

Pierre caminó el resto de su vida y murió en 1898. Un año después, el doctor Van Hoestenberghe exhumó el cuerpo y tomó varias fotografías para confirmar el milagro. Su informe de esta autopsia fue publicado en *Revue des Questions Scientifiques*, en octubre de 1899.[6]

Edeltraud Fulda es otro ejemplo de alguien que logró una curación milagrosa en Lourdes. En 1937, a los 21 años de edad, ella estaba viajando por Italia como bailarina profesional cuando sufrió un colapso por una úlcera perforada. Dos tercios de su estómago debieron ser removidos. Pocos meses después un absceso en un riñón tuvo que ser cortado. El año siguiente fue necesario extraerle un riñón. Nada de esto ayudó, y poco después le diagnosticaron la enfermedad de Addison (cirrosis hipertrófica). En ese tiempo la cura para esto era el cortin, un extracto sacado de las glándulas suprarrenales del ganado. Edeltraud debía tomarlo todos los días, o de lo contrario sufriría un colapso. Sin embargo, incluso con la ayuda del cortin, siguió gravemente enferma y quedó confinada a una silla de ruedas.

En 1946, ella decidió ir a Lourdes. Edeltraud vivía en Viena, y se requirieron cuatro años de planificación antes de hacer el viaje. Llegó a Lourdes el 12 de agosto de 1950, y de inmediato se bañó en las frías aguas. No esperaba ser sanada hasta el 15 de agosto, la fiesta de la Asunción, pero para su asombro, la cura fue instantánea.

Tres días después, dejó de ingerir cortin. Cuando regresó a casa, su médico estaba sorprendido de que ella pudiera sobrevivir sin tomar la droga. Cuando hizo exámenes adicionales, encontró que la enfermedad de Addison ya no estaba presente en su organismo. Aun más asombroso para él fue el hecho de que el daño hecho al sistema intestinal en la primera operación, había sido curado en su totalidad.

Un año después, Edeltraud condujo una peregrinación de minusválidos a Lourdes. Una delegación de treinta y tres doctores la examinaron cuando visitó el centro médico. La felicitaron por su cura, pero no le dieron una confirmación escrita del milagro. Esto fue decepcionante. No obstante, en 1954, una comisión médica en Lourdes anunció que su cura no podía ser explicada médicamente. Al final, en marzo de 1955, el cardenal Innitzer le dijo que la iglesia católica había anunciado como un milagro su asombrosa recuperación. Edeltraud Fulda registró su historia en un conmovedor libro llamado *And I Shall Be Healed: The Autobiography of a Woman Miraculously Cured at Lourdes.*[7]

En 1916, casi sesenta años después de las experiencias de Bernadette en Lourdes, tres niños en Fátima, en ese tiempo una pequeña aldea en el centro de Portugal, vieron un ángel que les dijo que rezaran. Lucia dos Santos tenía diez años de edad. Sus dos primos eran menores; Francisco Marto tenía nueve años y su hermana Jacinta siete. Vieron este ángel, que parecía un chico de quince años, en tres ocasiones. Varios meses después, el 13 de mayo de 1917, los tres niños estaban cuidando las ovejas cuando un relámpago los hizo echar los animales cuesta abajo. Un segundo relámpago les reveló a las dos niñas una hermosa mujer parada junto a un roble. Usaba un vestido blanco con borde dorado. Su cabeza estaba cubierta con un velo blanco, pero su cara era visible. Tenía una cuerda dorada alrededor del cuello.

Lucia le preguntó a la mujer de dónde venía, y la respuesta fue del "cielo". La aparición dijo que quería ver a los tres niños el día trece de cada mes, y que después de seis meses les diría quién era. Al principio Francisco no pudo ver la mujer, y sugirió tirarle una piedra. La imagen dijo que los tres niños irían al cielo, pero Francisco tendría que recitar muchos rosarios primero. Él empezó a rezar y pudo ver la mujer. Ella les dijo que oraran por el fin de la guerra, y luego ascendió al cielo y desapareció.

Los tres niños decidieron mantener en secreto este extraño suceso, pero Jacinta no pudo hacerlo. Esa noche le dijo a su madre lo que había ocurrido, y muy pronto todos en la aldea lo supieron. El sacerdote local, el padre Ferreira, quedó consternado por la noticia, pensando que era obra del demonio. La madre de Lucia no creía la historia, y acusó a los niños de mentir. Ni siquiera amenazas de ser golpeados hicieron que los niños cambiaran su relato.

Un mes después, cincuenta personas fueron al sitio para ver si la Virgen regresaba. Observaron a los tres niños arrodillados rezando junto al roble, y a Lucia hablando con alguien que no podían ver. Oyeron una explosión cuando la aparición se fue, seguida por una nube blanca que se dirigió hacia el Este. Algunos afirmaron que las hojas de los robles apuntaron en esta dirección durante unas horas después de que la imagen se marchó.[8]

La madre de Lucia le pegó a su hija por mentir, pero Lucia insistió en que habían visto a la mujer otra vez. El 13 de julio, cinco mil personas oyeron a Lucía hablar con la aparición. De nuevo la mujer les dijo a los niños que rezaran por el fin de la guerra. Lucía le pidió un milagro para probar que no estaban mintiendo. La aparición prometió que esto ocurriría el 13 de octubre. También les dijo un secreto que nunca debía ser revelado.

Las autoridades empezaron a mostrar interés en lo que sucedía. El 11 de agosto, Arturo d'Oliveira Santos, subprefecto de Ourém, llegó a Fátima para entrevistarse con los niños. Cuando se rehusaron a mentir, los llevó a la cárcel municipal de Ourém donde los interrogó separadamente. Los niños no cambiaron una sola palabra de su historia, ni siquiera cuando él les dijo que serían hervidos en aceite, y que los otros dos niños ya estaban muertos. Santos los trató cruelmente, porque creía que el secreto se relacionaba con un complot para restaurar la monarquía. Finalmente se vio forzado a liberar a los niños, pero se aseguró de no hacerlo hasta después del día 13 del mes.

A pesar de la ausencia de los niños, dieciocho mil personas llegaron para hacerse en frente del roble. Algunos pensaban que un trueno crearía un destello de luz que cubriría a todos con colores irisados.

Los niños estaban de nuevo en el campo cuidando las ovejas cuando la mujer les hizo una visita sorpresa el 19 de agosto. Les dijo que no faltaran a otros encuentros y, como resultado de su ausencia el día 13, el milagro en octubre no sería tan increíble como hubiera sido.

Arturo d'Oliveira Santos prácticamente había secuestrado a los niños. La noticia de esto, más lo que había ocurrido antes, hicieron que treinta mil personas se presentaran el 13 de septiembre. Todos vieron bajar la luz del Sol y salir las estrellas, mientras un brillante círculo de luz blanca descendía hacia el árbol. El círculo desapareció cuando llegó al árbol, y una lluvia de relucientes pétalos blancos empezó a caer del cielo. Mientras esto ocurría, la mujer les dijo a los niños que eran necesarias más oraciones, y que algo terrible sucedería si las personas no cambiaban su conducta. Otra vez les dijo que ocurriría un milagro el 13 de octubre.

Setenta mil peregrinos llegaron el mes siguiente a presenciar el milagro. Al mediodía, los niños se abrieron paso a través de la multitud hasta el roble. Finalmente, la mujer les dijo a los niños que era Nuestra Señora del Rosario. Quería que se construyera una capilla en el sitio. Cuando extendió sus brazos, rayos de luz pura salieron de ellos. Lucia gritó "¡miren el Sol!"

Había estado lloviendo, pero las nubes se separaron, revelando un enorme disco plateado. Era el Sol, pero estaba pálido y la gente pudo mirarlo directamente. El Sol empezó a girar y danzar de manera extraña, trazando una espiral de círculos en el cielo, y ganando velocidad mientras giraba. Algunos testigos dijeron que rayos de fuego salieron de la corona del Sol. Los espectadores estaban aterrorizados mientras el disco se movía en zigzag hacia ellos. El disco estuvo sobre la gente varios minutos, secando instantáneamente la ropa empapada de peregrinos que lloraban, oraban, gritaban y se desmayaban. Luego de varios minutos retrocedió en espiral hacia el cielo y reanudó su estado normal como Sol. Después de tres horas, el Sol volvía a estar demasiado brillante para ser visto directamente.

Los peregrinos se marcharon convencidos de que algo extraordinario había ocurrido. Los escépticos afirmaron que se trató de hipnosis colectiva, pero esto fue descartado cuando se supo que personas a treinta millas de distancia habían presenciado el fenómeno. Uno de los testigos fue Avelino de Almeida, director de un periódico llamado O Seculo. Él había escrito un artículo sobre el posible milagro en el diario de esa mañana, en un intento por atraer la atención a lo que creía que sería un deprimente fracaso. El 17 de octubre, un largo informe de lo que presenció fue publicado en su periódico, en el cual describió los giros del Sol como una "danza macabra".9

Después de este extraordinario milagro, la iglesia católica le tomó exactamente trece años aceptar las experiencias de los niños como visiones auténticas de la Virgen María. El obispo de Leiria anunció esto el 13 de octubre de 1930. Sin embargo, la primera peregrinación nacional a Fátima ocurrió en 1927, y el trabajo en la basílica también se inició en ese año. Fue consagrada en 1953. El 13 de mayo de 1967, un millón de personas se reunieron en Fátima para escuchar al papa Pablo VI decir misa y orar por la paz mundial. A cada lado de la basílica hay hospitales y casas de retiro. Muchas curas milagrosas han sido reportadas, pero la iglesia no ha buscado publicidad para ellas.

La Virgen María ha aparecido en varios lugares, incluyendo a Medjugorje. El 24 de junio de 1981, cuatro chicas y dos muchachos estaban jugando en la colina Podbrdo, cerca de la aldea de Medjugorje. Eran Ivanka y Vicka Invankovic, Mirjana e Ivan Dragicevic, Marija Pavlovic y Jakov Colo. Sus edades oscilaban entre diecisiete y diez años. Fueron asustados por una repentina luz brillante que rodeaba a una hermosa mujer que flotaba justo sobre del suelo.

Tenía cabello oscuro, ojos azules, y usaba un vestido gris con un manto y velo blancos. Dando vueltas sobre su cabeza había doce estrellas doradas. Sostenía un bebé en sus brazos. Indicó que los jóvenes debían acercarse, pero ellos huyeron de miedo. Regresaron el día siguiente y la mujer apareció otra vez.

Ivanka le preguntó acerca de su madre que había muerto dos meses atrás. La aparición la consoló y le dijo que cuidara a su abuela anciana. La mujer dijo que era la Gospa, la Madona croata. Dijo que seguiría apareciendo hasta decirles diez secretos acerca del futuro. La gente debe rezar, arrepentirse y ayunar, les comunicó.

Como pasó en Lourdes y Fátima, la noticia se regó con rapidez. Las autoridades sospechaban de la situación pensando que podría tratarse de un complot fascista. Otros creyeron que los jóvenes tenían problemas con las drogas. Fray Jozo Zovko, el pastor franciscano de la iglesia católica de San Jacobo en Medjugorje, no sabía que pensar, hasta que un día, mientras rezaba, oyó una voz decirle que protegiera a los jóvenes. Abrió las puertas de la iglesia justo cuando ellos aparecieron, diciendo que la policía estaba persiguiéndolos para impedir que subieran la colina. Los invitó a seguir, y casi todas las tardes durante los siguientes diez años la Gospa se les apareció en un pequeño cuarto de la iglesia.

El régimen comunista continuaba sospechando, y grababa los sermones de Fray Zovko, creyendo que él estaba secretamente detrás de las deprimentes profecías de la Gospa. Al final, fue encarcelado durante dieciocho meses.

Sin embargo, la fama de Medjugorje no pudo ser detenida. Veinte millones de personas hicieron la peregrinación a Medjugorje en los siguientes diez años. Enfermos buscando una cura subían gateando hasta la cima del monte Krizevac, la colina de la cruz. Al menos trescientas curaciones han sido reportadas, incluyendo una bien documentada de una enfermera escocesa llamada Heather Duncan, quien se arrastró por la montaña con la columna vertebral lesionada. Se las arregló para bajar caminando, y aún camina, aunque, como dice ella, "mis rayos X muestran que no debería estar andando".[10]

Además de centros de curación, hay muchas personas alrededor del mundo que tienen la capacidad de sanar a otros. Un gran número de estas curaciones sólo pueden ser descritas como milagrosas.

Uno de los más famosos de estos curadores fue el brasileño José Pedro de Freitas (1918–1971), mejor conocido como Arigó, el cirujano psíquico. Hizo miles de diagnósticos y operaciones en estado de trance. Afirmaba que Adolphus Fritz, un doctor alemán que murió en Estonia en 1918, le decía qué hacer.

Estando aún en la escuela, Arigó experimentaba extrañas alucinaciones, en las cuales veía una luz brillante y oía a alguien hablando en una lengua desconocida. Hacia los veinticinco años de edad, empezó a tener sueños vívidos, en los cuales un médico hablaba a un grupo de doctores y enfermeras en la lengua que primero oyó en sus alucinaciones de adolescente. Con el tiempo, el hombre dijo a Arigó que era el doctor Adolphus Fritz, y que había muerto en la I Guerra Mundial. Debido a que sabía que Arigó era honrado y humanitario, deseaba que continuara el trabajo que él no podía finalizar. Siempre, después de estos sueños, Arigó sufría de un severo dolor de cabeza.

En 1950, años después que empezaran estas pesadillas, Arigó fue invitado a asistir a una reunión política de Lúcio Bittencourt, una de las personas que hacía campaña. En ese tiempo Bittencourt estaba gravemente enfermo de un cáncer pulmonar, y los doctores le habían recomendado que fuera a los Estados Unidos para una operación. Arigó no sabía nada de esto. Sin embargo, cuando Bittencourt estaba a punto de dormirse una noche, la puerta de la habitación del hotel se abrió y Arigó entró. Sus ojos se veían vidriosos, y traía una navaja. Hablando con un gutural acento alemán, dijo a Bittencourt que era una emergencia, y tenía que operar. El político perdió la conciencia y no recordó la operación. No obstante, cuando volvió en sí, la parte superior de su pijama estaba rasgada y manchada de sangre. Se dirigió a la habitación de Arigó. Éste no tenía recuerdo alguno de la operación y negó todo conocimiento de ella. Bittencourt regresó a Río de Janeiro y vio a su doctor, quien supuso que el político se había hecho operar en los Estados Unidos, y le dijo que el tumor había sido removido con una técnica que él no conocía. Bittencourt le dijo al médico lo que había ocurrido, y pronto los periódicos divulgaron el milagro a todo el mundo.

Durante los siguientes seis años Arigó atendió a trescientos pacientes al día. Sin embargo, en 1956, la iglesia católica y las autoridades médicas lo habían acusado de practicar la medicina sin licencia, aunque nunca le cobró a nadie por su trabajo curativo. Arigó fue sentenciado a dieciocho meses de prisión, pero después esta pena fue reducida a ocho meses.

Arigó dejó de practicar la medicina por un tiempo, pero cuando empezaron de nuevo los dolores de cabeza, reanudó su trabajo curativo. En 1958, el presidente Kubitschek le otorgó un indulto presidencial. Hacia 1961, Kubitschek ya no gobernaba, y los adversarios de Arigó presionaron para que se tomaran más medidas legales.

En 1963, Arigó volvió a recibir publicidad nacional cuando removió un tumor del brazo de un investigador norteamericano, el doctor Andrija Puharich. Sin embargo, esto no fue suficiente para detener a sus oponentes, y en noviembre de 1964 fue sentenciado a dieciséis meses de cárcel.

En 1968, el doctor Andrija Puharich regresó con un investigador y lo observó tratar a mil pacientes. Sin tocarlos, y utilizando menos de un minuto con cada paciente, Arigó diagnosticó y recomendó el tratamiento correcto para cada uno. Después, el doctor Puharich dijo: "no encontramos [uno] en el cual Arigó fallara".[11] Esta era una hazaña asombrosa teniendo en cuenta que Arigó era un ex minero inculto. El apodo "Arigó", que le dieron cuando era niño, puede ser traducido como "patán campesino". Arigó no podía explicar su extraordinario talento, pero lo atribuía a Jesús y el doctor Adolphus Fritz. Arigó murió en un accidente automovilístico en 1971, después de decirles a varias personas que no lo volverían a ver. Veinte mil dolientes asistieron a su funeral.[12]

Arigó necesitaba ver a sus pacientes, pero no Edgar Cayce (1877-1945). Siempre que tuviera el nombre y la dirección del paciente, podía entrar en trance, para dar un diagnóstico y sugerir un tratamiento. Esto se conoce como curación ausente. Edgar Cayce también podía dar detalles de las vidas pasadas de sus pacientes.

La curación ausente también es realizada por medio de la oración. Un caso bien documentado involucró a Matthew Simpson (1811-1884), obispo de la iglesia episcopal metodista. Un grupo de pastores estaba en una conferencia en Mount Vernon, Ohio, y les dijeron que el obispo Simpson estaba próximo a morir en la cama de un hospital en Pittsburgh. Los clérigos rezaron por el obispo, pidiendo que su vida fuera prolongada. Uno de ellos era Thomas Bowman, también obispo de la misma iglesia. Él recordó que después de las primeras frases de la oración, su mente se tranquilizó por completo, pues sabía que el obispo se salvaría. Una vez que la oración terminó, expresó su experiencia a los demás, y treinta de ellos dijeron que habían tenido la misma sensación. Esto fue varios meses antes de que Thomas Bowman viera al obispo Simpson sano. El obispo dijo que no tenía idea de lo que había sucedido, pero que su doctor lo había considerado un milagro. Había estado al borde de la muerte, pero de algún modo tuvo una asombrosa mejoría en el momento exacto en que los pastores estaban orando por él.[13]

En años recientes, varias personas han estudiado las curaciones milagrosas. Una de ellas fue el fallecido Brendan O'Regan, antiguo vicepresidente para investigaciones del Institute of Noetic Sciences en Sausalito, California. Él descubrió que las personas que experimentaron una curación repentina y dramática, no estaban pidiendo ser sanadas. Tenían una actitud de aceptación y gratitud, a pesar de la enfermedad. Tampoco podían explicar la cura milagrosa, diciendo que "sólo ocurrió".[14] Esto parece indicar que quienes piden una sanación milagrosa son los que tienen la menor probabilidad de recibirla, mientras otros que se relajan y aceptan lo que suceda, tienen una mayor opción de ser curados.

La mayoría de curaciones que hemos mencionado aquí han involucrado la peregrinación a un centro curativo, o requerido una persona especialmente dotada para manifestar las energías curativas.

Afortunadamente, es posible crear milagros en nuestra propia vida sin necesidad de hacer un largo viaje o buscar una persona especial. Empezaremos a ver esto en el siguiente capítulo.

TRES

Milagros en nuestra vida

Hace varios años un amigo estaba conduciendo por una autopista tarde en la noche. Estaba en el centro de tres carriles, con autos a cada lado de su vehículo. Cuando giró hacia la izquierda, vio un auto que se dirigía directamente en dirección contraria hacia un vehículo del carril rápido. Al encontrarse atrapado entre los autos a cada lado, lo único que Gareth pudo hacer fue frenar un poco para mermar la velocidad. Los vehículos a los lados hicieron lo mismo. Mientras tanto, el auto en cuestión se desvió bruscamente en frente de Gareth. El vehículo de mi amigo tocó el borde de dicho auto, que chocó fuertemente con el carro del carril lento.

El accidente mató al conductor del auto que venía en sentido contrario. Debido a esto, fue imposible determinar por qué venía conduciendo en la vía equivocada de la autopista. Los pasajeros en el vehículo golpeado sufrieron magulladuras pero no resultaron mal heridos. Gareth estaba conmocionado, pero resultó ileso. Cuando él me contó el incidente, dijo que fue un milagro que no haya terminado herido o muerto. Sin embargo, ¿fue esto un milagro, suerte, o simplemente azar? El relato de Gareth me asombró.

"Cuando vi el auto acercándose a nosotros, tuve tiempo para pensar en lo loco que estaba ese conductor. Sentí lástima por el vehículo al que se dirigía, y pisé mis frenos, esperando que dicho auto pudiera pasarse a mi carril. Pero no había tiempo para eso. Cuando el auto en contravía se desvió bruscamente frente a mí, no sentí pánico; permanecí tranquilo. Sabía que sobreviviría al accidente que estaba a punto de ocurrir. Casi podría decir que era ajeno al resultado. Cuando los bordes de nuestros autos se tocaron, pude concentrarme en la dirección, y así evité chocar fuertemente con los otros vehículos. Vi la colisión con el otro auto, y luego me detuve para ver qué ayuda podía ofrecer. Permanecí calmado hasta que llegaron los paramédicos. Sólo entonces me sentí conmocionado".

La sensación de separación de Gareth, casi como si estuviera observando que el accidente le ocurría a otra persona, es un factor común en esta clase de casos. Hasta este incidente, Gareth no había tenido fe, pero desde ese momento empezó a explorar el lado espiritual de su vida. Las personas que tienen fe suelen experimentar esta sensación de separación cuando enfrentan una situación difícil como la de un accidente. Son conscientes de que están en manos de lo divino, y no deben preocuparse. En cierto sentido, están siendo cuidados por una fuerza mayor que ellos mismos, y esto parece asegurar su supervivencia.

Por consiguiente, sentí que la supervivencia de Gareth era más que simple casualidad. En una situación difícil en la que la mayoría de personas se habrían llenado de pánico, él permaneció tranquilo, sereno, separado y observador. Tal vez esta experiencia no es un milagro en el sentido usual de la palabra, pero desde luego lo fue para Gareth.

No hay forma de saber cómo actuaríamos en una situación similar. Sin embargo, podemos aprender por adelantado las cualidades necesarias, para que en caso de enfrentarnos con una experiencia potencialmente desastrosa, tengamos mayor probabilidad de actuar de tal forma que incitemos un milagro personal.

Las cualidades necesarias son: contentamiento, el don de acertar sin buscar, intuición, amor universal, fe, y la voluntad de hacer los cambios requeridos en nuestra actitud frente a la vida.

Satisfacción

Debemos apreciar lo que ya tenemos. Muchas personas nunca están felices en el presente, y viven la mayor parte de su tiempo morando en el pasado o preocupándose por el futuro. Es importante hacer planes para el futuro, y es agradable revivir momentos del pasado. Sin embargo, el aquí y el ahora es todo lo que poseemos. Si vivimos casi todo el tiempo pensando en errores del pasado o preocupándonos por lo que vendrá, terminamos ignorando el momento presente.

Alguien que conozco siempre está planeando ser feliz cuando cierta cosa ocurra. "Seré feliz cuando consiga un auto nuevo" o "cuando me asciendan en mi trabajo", podría decir él. No hay necesidad de esperar hasta que algo ocurra para sentirse dichoso. Viva el presente y sea feliz ahora. Hace muchos años, Tai L'au, un buen amigo y mentor, me dijo: "si quieres ser feliz, sé feliz". Fue un consejo engañosamente simple, pero muy poderoso.

La satisfacción no está determinada por la cantidad de dinero que poseamos, el estado de nuestra salud o el número de amigos que tengamos. Es un estado de ánimo en el cual apreciamos y disfrutamos el momento presente.

No hay garantía de que alguno de nosotros esté aquí mañana. El hoy es todo lo que tenemos. Aproveche al máximo cada día. Cuídese como persona. Aprecie sus buenas cualidades y todas las bendiciones de su vida. Una vez alguien me dijo que cuando tenía problemas para quedarse dormido en la noche, pensaba en todas las cosas por las que debía estar agradecido. Sería difícil estar descontento por mucho tiempo si hacemos de esa una práctica diaria.

Golpe de suerte

Si esperamos que ocurran acontecimientos afortunados, ocurrirán. Incluso pueden parecer golpes de buena suerte, pero en realidad suceden porque subconscientemente hemos configurado las condiciones correctas para que se presenten.

Si usted vive con la expectativa de que le pasarán cosas buenas, de algún modo se convierte en un imán que atraerá tales cosas. Esto se debe a que llegamos a ser lo que pensamos. También recibimos lo que esperamos recibir. Quienes llevan la vida de esta forma, regularmente experimentan sucesos afortunados sin buscarlos. Si todo el tiempo estamos abiertos a la posibilidad que sucedan cosas buenas inesperadamente, también nos abrimos a la posibilidad de crear milagros en nuestra propia vida.

Intuición

Todos tenemos una suave y tranquila voz interior que nos guía, advierte y aconseja. A veces se conoce como presentimiento o "sentimiento visceral". Muchas personas la ignoran, no la escuchan o creen que sus dificultades sólo pueden ser superadas con el pensamiento. Otros la usan parte del tiempo. Son los que dicen, "sabía que debía hacer eso". Es probable que con el tiempo aprendan a tener en cuenta su voz interior más a menudo, y a desarrollar la intuición. Las personas intuitivas la escuchan todo el tiempo. En mi propia vida, sé que muchos de los errores que cometí no habrían ocurrido si hubiera actuado siguiendo mi intuición en lugar de la lógica.

Amor universal

El amor universal es un amor imparcial por toda la humanidad. Es un sentimiento que viene del corazón y el alma, y no busca retribución. Sin embargo, las recompensas son increíbles. Nos permite ver lo bueno en todas las cosas, y a reconocer la Divinidad en todas las personas que conozcamos. Cuando llevamos una vida con un sentido de amor, empatía e interés por todos los seres vivos, abrimos las puertas a muchas bendiciones. Por ejemplo, quienes nos conozcan sentirán nuestro amor y responderán retribuyendo amor. Esto tendrá un efecto en cada área de nuestra vida. Entre más amor transmitamos, más recibiremos como recompensa.

Fe

La fe se refiere a nuestra relación con lo divino. Entre más nos acerquemos a esta fuente, más poder personal poseeremos. Cada vez que hacemos algo que va en contra de nuestra moral o normas éticas, más débil se torna la conexión.

La palabra "fe" tiene tonos religiosos, pero no es necesario pertenecer a una religión para tenerla. La fe puede ser una creencia en algo, tal como normas éticas o un código de conducta. Por ejemplo, si creemos que el bien siempre prevalecerá, lo veremos manifestarse en nuestra propia vida, pues nuestra fe lo habrá atraído a nosotros. Igualmente, si creemos que los milagros pueden ocurrir, experimentaremos lo milagroso en nuestra existencia.

Voluntad de cambiar

P. D. Ouspensky (1878–1947), el filósofo y místico ruso, escribió una novela edificante pero poco conocida llamada *Strange Life of Ivan Osokin* (La extraña vida de Ivan Osokin).[1] Ivan era un hombre joven que estaba al borde del suicidio. Había fracasado en todo lo que intentó, y acababa de ser rechazado por la mujer que amaba. Visitó a un mago sabio para quejarse de lo sombría que era su vida. Dijo que si tan sólo pudiera vivir esta vida otra vez, todo sería diferente. En lugar de recibir comprensión por parte del mago, éste no estuvo de acuerdo y le dijo a Ivan que repetiría los mismos errores. Ivan se molestó y no creyó lo que afirmó el sabio. Pidió tener la posibilidad de revivir al menos parte de su vida. El mago retrocedió a Ivan doce años, y éste quedó pasmado al encontrarse reviviendo exactamente las mismas experiencias deprimentes de antes. A pesar de todo lo que trató de hacer, no pudo cambiar la dirección de su vida. Ivan regresó ante el mago para preguntarle cómo podía ser posible esto. El sabio le dijo que para que su vida fuera diferente, él debía ser diferente. Toda su vida interior tenía que cambiar, y esto tomaría mucho esfuerzo y trabajo duro. Sin embargo, una vez que lo hiciera, dejaría de ser un perdedor y lograría el éxito que anhelaba.

Usted puede cambiar su vida si lo desea. El primer paso para la autotransformación es el deseo de convertirse en una persona distinta. Luego debe mirarse a sí mismo con honestidad, buscar consejos si es necesario, y ser persistente. Esto toma tiempo, vigilancia, disciplina y gran esfuerzo.

¿Puede captar cómo permanecería tranquilo y separado en una situación difícil, tal como un accidente, aceptando lo que sucede, una vez que haya desarrollado estas cualidades? Cuando las desarrolle conscientemente, se abrirá a la posibilidad de experimentar milagros en su propia vida.

Cada vez que doy conferencias sobre el tema de los milagros, casi puedo garantizar que alguien me preguntará por el elemento suerte, y si alguien puede o no experimentar un milagro por una casualidad afortunada. Yo respondo que la suerte puede jugar un papel en todo, incluyendo los milagros, y trabajando en las cinco cualidades tratadas en este capítulo, estimulamos la suerte para que esté de nuestro lado. La suerte puede definirse como una fuerza, o combinación de circunstancias, que actúa para bien o para mal sobre alguien. La buena suerte supuestamente se presenta como resultado del azar, pero yo creo que es mucho más que esto. Si fomentamos las cualidades que

queremos en forma deliberada, es mucho más probable que reciba-
mos los resultados deseados (buena suerte), y menos probable que
experimentemos mala suerte. No podemos descartar por completo el
concepto de suerte, pero ponemos la ventaja de nuestro lado.

Winston Churchill hizo esto muy eficazmente a lo largo de su
vida. Eso le permitió presentarse milagrosamente como un mago para
entretener las tropas durante la guerra de Transvaal. En ese tiempo
Churchill estaba trabajando como corresponsal de guerra, y mostró
esta hazaña en una exclusiva para su periódico. Parecen dos milagros
en uno, pero Winston Churchill estaba sólo usando sus viejas cualidades de observación, agudeza y entusiasmo. No por nada fue conocido como "ese diablo afortunado, Churchill".

En este caso, Winston Churchill y otros corresponsales de guerra habían llegado a una fila de prisioneros bóers y visto a uno de
ellos atando con destreza un vendaje en su brazo izquierdo con la
mano derecha. Los otros corresponsales siguieron avanzando, pero
la curiosidad de Churchill fue despertada. Bajó de su caballo y habló
con el prisionero, quien resultó hablando un buen inglés. Le dijo a
Churchill que era un alemán que se ganaba la vida vendiendo entradas en teatros de variedades.

Uno o dos días después, Churchill oyó al comandante británico
hablar de la moral baja de sus aburridos hombres. Allí sugirió que
un espectáculo de magia profesional los motivaría y entretendría.
Para el asombro de todos, pudo presentar al mago, quien hizo un
show excelente. Para mostrar su aprecio y agradecimiento, el general le dio a Churchill una noticia previamente desconocida que, de
nuevo, fue una exclusiva.[2]

El crecimiento rápido de eBay es otro aparente milagro. Sin embargo, es otro ejemplo de alguien que estaba preparado mentalmente para aceptar una oportunidad cuando se presentó. Pierre Omidyar, un estudiante de tecnología de nacionalidad francesa, había comprado un puntero láser para entretener a su gato. El animal disfrutaba perseguir el rayo rojo alrededor de la sala. Luego de unos días el puntero se dañó. En lugar de devolverlo al almacén, Pierre pensó que sería divertido ver si podía venderlo en Auctionweb, un sitio en la Internet que había creado en 1995. Lo catalogó como un "puntero láser dañado" y se sorprendió cuando alguien lo compró por US$14. Perplejo por esto, Pierre se comunicó por correo electrónico con el comprador para averiguar por qué había adquirido el artículo dañado. El hombre respondió que le gustaba arreglar cosas.

Esta era toda la motivación que Pierre necesitaba. Auctionweb (subastas a través de la Red) se transformó en eBay, y ahora vende prácticamente cualquier cosa en que podamos pensar. eBay es el sitio de venta de autos más grande en Norteamérica, vendiendo un SUV cada treinta segundos. Un juego de computador es vendido cada ocho segundos. Más de ciento cincuenta mil personas se han convertido en comerciantes de tiempo completo en eBay, algunos vendiendo más de US$150.000 en mercancías cada mes. La atención de Pierre frente a la oportunidad, su disposición para trabajar con esfuerzo y buenas capacidades administrativas, lo llevaron, a partir de un puntero láser averiado, a crear uno de los negocios más exitosos en la Internet. Ahora Pierre es multimillonario, un milagro para cualquier estándar.3

Winston Churchill y Pierre Omidyar estuvieron atentos a las oportunidades y las reconocieron cuando se presentaron. Estas son cualidades que todos tenemos. La diferencia es que ellos aprovecharon la oportunidad. Sólo usted puede decidir si va a aprovechar la oportunidad apropiada cuando se le presente. Si lo hace, podrá crear aparentes milagros. Luego las personas empezarán a decir "ese diablo afortunado, (su nombre)".

Ahora que conoce las cualidades que necesita tener, podemos ver los métodos de los antiguos kahunas de Hawai. Ellos tenían varias técnicas que usaban para hacer milagros. Actualmente sus principios son tan eficaces como lo han sido siempre, y muestran con claridad algunas de las cualidades esenciales requeridas para que ocurran sucesos milagrosos.

CUATRO

Milagros y los hunas

MUCHO TIEMPO ANTES de que el capitán James Cook descubriera las islas Hawai en 1778, sus habitantes tenían un sistema religioso bien desarrollado llamado *huna*. La palabra huna significa "secreto" en hawaiano. Los líderes de esta religión eran los kahunas ("guardas del secreto"). Los kahunas eran sacerdotes, curadores, profetas, consejeros y expertos en todos los aspectos de la vida en las islas.

El huna es a su vez una ciencia, una filosofía y una religión. Es una ciencia porque involucra el mundo físico, y sus técnicas son repetibles. Es una filosofía de vida, con un fuerte énfasis en la conducta moral y ética. Es una religión porque incita a las personas a crecer espiritualmente y a encontrar a Dios dentro de sí mismas. Muchos también lo consideran un sistema mágico, pues involucra fuerzas invisibles y produce increíbles resultados.

Esta idílica forma de vida cambió para siempre 35 años después de la llegada del capitán Cook, cuando arribaron los misioneros cristianos. Ellos pensaron que los habitantes eran salvajes ignorantes que debían ser convertidos al cristianismo. Para ser justos, los misioneros no hablaban la lengua local y quizás no eran conscientes del huna. Los nativos, diezmados por enfermedades occidentales, y creyendo que los misioneros eran sus benefactores, poco a poco perdieron contacto con su antigua religión.

El doctor William Tufts Brigham, conservador del Bishop Museum en Honolulú, inició sus estudios e investigaciones sobre el huna a finales del siglo XIX. Él presenció prácticas de caminar sobre el fuego y los métodos de curación kahunas. Incluso fue testigo de un milagro, cuando un hombre joven que se había ahogado dieciséis horas antes, fue resucitado usando magia huna.[1]

Max Freedom Long (1890–1971) hizo más que cualquier otra persona por promover el interés en el huna. En 1917, terminó sus estudios en la Universidad de California, y aceptó un trabajo como profesor en una escuela pequeña en una plantación de caña de azúcar en Hawai. Su tiempo libre lo dedicaba para explorar, meditar, estudiar y hablar con los nativos. Escuchó muchas historias acerca de los kahunas, la práctica de caminar sobre el fuego y curaciones milagrosas, pero encontraba que cuando trataba de conseguir más información, sus fuentes dejaban de hablar. Max Freedom Long era un forastero, y las personas no confiaban en él. En 1919, contactó al doctor Brigham para averiguar qué investigaciones científicas habían sido hechas sobre el tema. Los dos hombres se hicieron amigos, y Max Freedom Long tuvo acceso a toda la información almacenada en el Bishop Museum.

El doctor Brigham había dedicado cuarenta años al estudio del tema y aceptó con placer que alguien continuara con sus investigaciones. Brigham recalcó que debían haber tres factores involucrados en el huna. Primero, una forma de conciencia que dirigía la magia. Segundo, una fuerza que debía ser usada para que funcionara; y tercero, una sustancia de algún tipo, visible o invisible, para que la fuerza pudiera actuar interiormente. Encontrar uno de ellos, le dijo a Max, podría conducir a descubrir los otros.[2]

Max estudió con el doctor Brigham hasta que el anciano hombre murió en 1926. Luego continuó con las investigaciones, pero cinco años después, en 1931, se vio forzado a reconocer la derrota. Regresó a California donde encontró trabajo administrando una tienda de cámaras. Sin embargo, su búsqueda seguía latente en su mente.

Una noche, en 1935, Max despertó de repente con el conocimiento de que los kahunas debían haber tenido nombres para los diferentes elementos en el huna. Sin nombres definidos, habría sido imposible para ellos transmitir su conocimiento de generación en generación. Con gran emoción, Max empezó a estudiar los cantos y oraciones de los hunas en un intento por descubrir lo que había sido esquivo todos esos años.

A finales del año, había descubierto dos de los tres elementos faltantes. Sin embargo, le tomó otros seis años de duro trabajo identificar el último. La conciencia era llamada *aumakua* (yo superior), la fuerza necesaria se conocía como *mana* (fuerza vital, ch'i, prana, energía), y la sustancia invisible a través de la cual actuaba esa fuerza, era llamada *aka* (sustancia etérica, o sombra de una persona).

Fue muy difícil descubrir todo esto. Extraer este conocimiento del mundo también fue una dura tarea. El primer libro de Max Freedom Long sobre el tema, *Recovering the Ancient Magic*, había sido impreso y esperaba ser encuadernado cuando el local del impresor fue destruido por una bomba durante el bombardeo aéreo alemán en Londres en la II Guerra Mundial. Sus libros posteriores tuvieron más éxito y aún son publicados.

Los kahunas habían creado un sistema psicológico perfecto. Creían que los humanos estamos conformados por tres seres, que Max Freedom Long, por conveniencia, llamó yo inferior, yo medio y yo superior. Los kahunas los llamaban *unihipili*, *uhane* y *aumakua*. Cada uno de estos seres tiene un cuerpo invisible hecho de una sustancia etérica que es mucho más fina que la materia física. Los kahunas llamaban a estos cuerpos *kino-aka*. Los tres cuerpos están interconectados entre sí, y actúan con el cuerpo físico. Pueden ser visualizados como muñecas rusas, siendo el yo superior la muñeca exterior, que contiene el yo de tamaño medio, que a su vez contiene el yo inferior ligeramente más pequeño. Sin embargo, a diferencia de las muñecas rusas, cada cuerpo kino-aka se interconecta totalmente con los otros. En la práctica, la mayor parte del tiempo, el yo medio e inferior permanecen estrechamente entrelazados con el cuerpo físico, mientras el yo superior permanece en su cuerpo oscuro por encima del cuerpo físico.

Mana

Los tres seres necesitan alimento para funcionar apropiadamente. El yo inferior usa mana, que en su forma más básica es aire. Sin aire, estaríamos muertos en sólo unos minutos. Por consiguiente, a veces el aire es llamado fuerza vital universal, energía vital y alimento de la vida. El yo medio necesita mana-mana, que es creado del mana y suplido por el yo inferior. Es una forma de energía más potente y vital. El yo superior usa mana-loa, que es la forma más elevada de energía. El mana-loa es el que puede hacer milagros, tales como curaciones instantáneas.

Los kahunas reconocieron que debido a que el aire era la esencia de la vida, las ofrendas de mana (aire) al yo superior (la divinidad) era un regalo valioso, similar en muchas formas a una ofrenda de sacrificio. El mana es aspirado por el yo medio, transformado por el yo inferior, y luego enviado al yo superior donde puede ser usado para hacer milagros.

El yo inferior (unihípíli)

El yo inferior corresponde a la mente subconsciente y simbólicamente está localizado en el plexo solar. Es llamado yo inferior sólo por su ubicación simbólica en el cuerpo. Es tan importante como los otros. Todos los sentimientos y emociones están almacenados en el yo inferior, al igual que todos los recuerdos. Cada sentimiento que hemos experimentado yace en este cuerpo.

El yo medio (Uhane)

El yo medio se localiza en el lado izquierdo de la cabeza y corresponde a la mente consciente. Todo lo que esta mente piensa pasa al yo inferior, que luego actúa de acuerdo a ello. En otras palabras, el pensamiento toma lugar en el yo medio, mientras el sentimiento ocurre en el yo inferior.

El yo superior (aumakua)

El yo superior está ubicado a unos cinco pies arriba de la cabeza, y corresponde a la mente superconsciente. Es nuestro ser espiritual. Está unido al lado derecho de la cabeza por una cuerda dorada. Esto puede ser interpretado como nuestro ángel guardián, lo divino dentro de nosotros, o parte de la fuerza vital universal que está en todas las cosas vivientes. Los kahunas lo llamaban "el gran padre/madre", pues puede ser visualizado como madre o padre espiritual. Cuando los kahunas rezaban, dirigían las oraciones a su yo superior en lugar de un Dios supremo. Esto significa que oraban a esa parte de sí mismos que ya era un dios. Cada yo superior está en contacto con los otros, demostrando la interconexión de todas las cosas vivientes. La gran poe aumakua significa "la familia de seres superiores". Cuando usamos los métodos de los kahunas, empleamos esta parte de nosotros que ya es dios. Como dioses, podemos lograr cualquier cosa, incluso milagros.

Aka

Los tres cuerpos están hechos de una sustancia etérica conocida como aka. Esta sustancia es pegajosa; se pega a todo lo que toca, creando una red de finos hilos que la conectan a todo lo que ha visto o tocado. La comunicación toma lugar a lo largo de cada uno de estos hilos, permitiéndonos transmitir pensamientos o energías a los demás. El cuerpo más denso es el del yo inferior, y quienes pueden ver auras lo observan como el cuerpo etéreo.

Cuerda de aka

Los tres cuerpos también están unidos por una cuerda de esta sustancia etérica, conocida como cuerda de aka, que permite que el mana sea transformado y enviado del yo inferior a los otros dos.

Los tres cuerpos son una parte integral de nosotros. Para que seamos felices, exitosos y sanos, ellos deben estar en equilibrio. Un bloqueo entre dos cuerpos crea enfermedad. Impide el flujo de mana y evita que seamos todo lo que podemos ser. Las emociones son la causa más probable de los bloqueos. Pensamientos negativos, sentimientos de inferioridad, culpa, codicia, envidia y odio afectan nuestra capacidad de progresar en esta vida. Es posible usar las técnicas kahunas para eliminar toda negatividad y llevar una vida plena y satisfactoria. Eso puede parecer un milagro, pero como veremos en breve, no es difícil de realizar.

El ritual kahuna

El ritual kahuna, a veces conocido como el *rito ha*, incluye el uso del yo medio para decidir con exactitud lo deseado. Una vez que hacemos eso, el deseo es mezclado con suficiente mana y enviado al yo inferior, que transforma el mana y lo envía al yo superior, donde el deseo seguirá el proceso hasta ser manifestado. No debemos preocuparnos en cómo logrará esto el yo superior. Tal vez no suceda como pensábamos, pero ocurrirá. La fe y la repetición son factores esenciales.

El deseo debe ser lo más específico posible. Por ejemplo, no pida una suma de dinero determinada, a menos que necesite esa cantidad para algún propósito. El dinero es una parte esencial de la vida, naturalmente, aunque sólo es un medio de intercambio. Piense para qué quiere el dinero, y pida eso. Tal vez necesita una cantidad suficiente para pagar la cuota inicial de una casa. Podría querer dinero extra para algunos lujos, o para un amigo que necesita ayuda. No importa para qué lo desea, pero la intención debe estar muy clara en su mente.

Si está buscando pareja, piense en las cualidades que le gustaría ver en esta persona. Si quiere un mejor trabajo, piense en lo que desearía estar haciendo. Si tiene ganas de tomar unas vacaciones, piense en el lugar que anhela visitar, y también considere el tipo de alojamiento que prefiere, y todo lo que asegure que tendrá unas vacaciones memorables.

Una vez que tenga el deseo claro en su mente, estará listo para comenzar. Asegúrese de no ser perturbado, y no le diga a nadie lo que está haciendo. Puede desarrollar este rito en cualquier parte y hora. Sin embargo, podría tener un sitio preferido en el cual hacerlo, tal vez una habitación específica o un área de su casa que pueda usar para este propósito. Un espacio sagrado en la casa donde hace el trabajo mágico o espiritual, sería perfecto para los rituales kahunas. Si lo desea, decore la habitación con velas, flores, incienso y lo que considere adecuado. Necesita que el espacio se sienta cálido, acogedor y sagrado.

Ocho pasos para un milagro

1. Relájese en una silla cómoda por unos minutos. Piense en su deseo. Imagine que ya es una realidad, y piense en lo mejor que es su vida ahora que su petición ha sido cumplida. Tome algunas respiraciones profundas y permita que los músculos de su cuerpo se relajen mientras exhala.

2. Una vez que se sienta relajado por completo, levántese y párese con los pies separados unas dieciocho pulgadas. Si es posible, haga esto frente a una ventana abierta, para asegurar que el mana que inhala sea el mejor que puede suministrar. Concéntrese en su respiración, y recuerde que cada aspiración está llena de la energía que sostiene la vida. Este es el mana requerido para alimentar sus tres cuerpos.

3. Cuando se sienta listo, tome cuatro respiraciones lentas y profundas. Inhale todo el aire posible, y reténgalo unos segundos antes de exhalarlo lentamente. Al hacerlo, recuerde que está inhalando abundante mana beneficioso que proveerá una gran ofrenda a su yo superior. Podría visualizar el mana llenando todo su cuerpo y rebosándose por la corona de su cabeza, como si usted fuera un recipiente lleno de agua. El agua es un símbolo de energía y vida para los kahunas. Ha enviado el mana a su yo inferior. La siguiente parte del ejercicio es enviarlo al yo superior. (Repita este paso si siente que aún no está lleno de mana).

4. Visualice un círculo de radiante luz blanca en el área de su plexo solar. Al hacerlo, imagine que esta luz blanca asciende como un cohete a través de su pecho, cuello y cabeza, hasta su yo superior. Visualícelo como un gran círculo de energía vibrante encima de su cabeza. Esta es su ofrenda de mana, que ha sido transformado en mana-loa por su yo inferior, y ahora ha sido dado a su yo superior.

5. Mire fijamente el círculo de energía y vea su deseo impreso en él con claridad. Visualícelo lo mejor posible. Esta etapa es la parte clave de todo el ritual. Es crucial saber lo que desea, visualizándolo dentro del círculo de energía sobre su cabeza. Véalo claro y con todo el detalle posible. Si desea un auto nuevo, por ejemplo, imagine el modelo, color y otras características. Visualice su deseo todo el tiempo que pueda. Crea con cada fibra de su ser que ya tiene lo que está buscando.

6. Diga en voz alta, con toda la fuerza y energía que pueda generar: "deseo (lo que sea). Esta petición no perjudica a nadie. ¡Estoy atrayendo mi petición ahora!". Repita esta solicitud tres veces, usando las mismas palabras.

7. Espere unos segundos, y luego diga suavemente: "gracias gran padre (o gran madre, conciencia universal, o Dios) por todas las bendiciones de mi vida. Aprecio todo lo que haces por mí. Gracias".

8. Siéntese y relájese por unos minutos antes de seguir con su día. No hay necesidad de pensar más en la petición. La ha pasado a su yo superior y el asunto será manifestado.

Una vez que termine este ritual, se sentirá lleno de energía. Algunas personas me han dicho que es como un ánimo natural. Es importante que sienta esta energía y emoción, pues significa que su petición ha sido exitosamente enviada y recibida.

Estará impaciente y deseará resultados rápidos. A veces esto ocurre. Las curaciones milagrosas a menudo son instantáneas. Sin embargo, la mayoría de peticiones toman tiempo para manifestarse. Recuerde que su yo superior no tirará a sus pies lo que usted desea. Sin embargo, influenciará las fuerzas universales para que se orienten de tal forma que usted reciba lo que pidió. Deberá estar atento a la oportunidad correcta. Una vez que la encuentre, probablemente tendrá que trabajar duro para lograr su objetivo.

Repita el ritual dos veces al día hasta que su petición haya sido manifestada. Recuerde que su yo superior quiere ayudarle y servirle. Es su compañero, su ángel guardián. Su yo superior tiene interés en ayudarlo a convertirse en todo lo que puede llegar a ser. Con él a su lado, el éxito está garantizado. Confíe en su yo superior, sin importar cuánto tiempo tome en otorgar su petición, y recibirá los resultados que desea.

La experiencia de Jennifer

Conocí a Jennifer en una convención de hipnoterapia a la que asistí hace unos años. Durante una conferencia sobre el péndulo, hablé del ritual kahuna, y luego hice que todos los participantes desarrollaran el ritual con el objetivo de que tuvieran más éxito en sus prácticas. Después Jennifer se me acercó para hablarme. Ella tenía 27 años de edad, y había estado estudiando hipnoterapia. No tenía intención de trabajar en esta área. Era representante de ventas de una compañía impresora, y quería saber si podía usar el ritual para ascender y convertirse en gerente de ventas. Le di algunas sugerencias, y luego olvidé la conversación por completo.

Dos meses después, recibí una llamada telefónica de Jennifer, quien había estado haciendo el ritual todos los días. Después de varias semanas no se presentaron cambios, y ella empezó a dudar de que algo sucediera. De repente, recibió dos ofertas el mismo día. Ambas corporaciones querían emplearla como gerente de ventas. Ninguno de los puestos había sido anunciado. De algún modo el universo le envió dos oportunidades excelentes.

"¿Cuál aceptó?", pregunté.

"Estaba tan confundida, no sabía qué hacer", contestó Jennifer. "Pero luego recordé su charla sobre el péndulo. Até un pedazo de hilo en mi anillo de boda, y pedí que me dijera cuál escoger. Resultó ser el puesto que ofrece un poco menos de salario inicial, pero tengo la oportunidad de invertir en la compañía, así que a largo plazo luce muy prometedor. ¡Comienzo el lunes!"

La experiencia de Jennifer es interesante, pues su yo superior le presentó dos oportunidades. Ella pensó que esto era un verdadero milagro, porque no había solicitado ninguno de los empleos, pero ambos le fueron ofrecidos como resultado de practicar el ritual huna.

Los kahunas y la salud

Los kahunas creen que los problemas de salud son causados por desequilibrios con el yo superior. La buena salud sólo se da cuando los tres cuerpos están equilibrados y en armonía mutua. Muchos problemas de salud están relacionados con los pensamientos negativos. Cuando el yo medio se mantiene alimentando al yo inferior con pensamientos negativos, llenándolo de ira, odio y amargura, no es sorprendente que se originen trastornos en la salud. Toda esta negatividad bloquea la conexión del aka entre el yo inferior y el yo superior, creando un desequilibrio, que luego se manifiesta en mala salud. Los problemas físicos del cuerpo con frecuencia tienen causas emocionales. Por ejemplo, la incapacidad de expresar las necesidades emocionales puede conducir a trastornos en la garganta. Al igual, el no poder establecer fuertes relaciones amorosas puede guiar a problemas del corazón.

El yo inferior siente en lugar de pensar. Por consiguiente, acepta todo lo que le es dado. No es su culpa si crea enfermedad. Él está haciendo lo que está programado a hacer, y el remedio es llenarlo conscientemente de emociones y pensamientos positivos.

El ser humano experimenta entre cincuenta y sesenta mil pensamientos al día. Si usted es como la mayoría de personas, rara vez se hará cargo de sus pensamientos, lo cual significa que no tiene idea de cuántos son positivos y cuántos negativos. De ahora en adelante, decida permanecer vigilante frente a esto. Cada vez que se encuentre teniendo pensamientos negativos, como nos pasa a todos, simplemente vuélvalos positivos. No tiene que regañarse a sí mismo cuando se encuentre en ese estado. Deje de pensar de esta forma y enfóquese en algo positivo. Es una batalla constante, pero los resultados son maravillosos.

Los sentimientos de dolor y culpa también causan problemas de salud. La ley básica del huna es no perjudicar a nadie. Si le hace daño a alguien intencionalmente, es probable que se sienta culpable. No debe sentirse así cuando hiera a alguien por accidente. Sin embargo, siempre debe hacer lo que esté a su alcance para enmendar lo sucedido, sin reparar en si el daño fue intencional o accidental.

También debe hacer lo que pueda para evitar ser perjudicado por otros. Si alguien le hace daño de algún modo, dígale lo que ha hecho. Exprese sus sentimientos. Es mejor tratar la situación lo más pronto posible, en lugar de dejar que crezca y se ulcere en su mente.

Hay un experimento simple que puede hacer para determinar cuánta carga indeseada está llevando. Es un ritual donde se trabaja con los tres cuerpos.

Ritual con los tres cuerpos

1. Siéntese en una silla cómoda y tome algunas respiraciones profundas. Conscientemente relaje todos los músculos de su cuerpo. Por lo general yo lo hago relajando primero los músculos de los dedos de mi pie izquierdo. Permito que la relajación pase de los dedos al pie, hasta que se sienta relajado por completo. Luego hago lo mismo con el pie derecho. Cuando ambos pies están relajados, dejo que la relajación suba por las piernas, hasta que las pantorrillas, rodillas y muslos se sientan bien relajados. Luego extiendo la relajación hasta mi estómago y pecho. Después relajo los músculos de los hombros, y me concentro en el brazo izquierdo, relajándolo completamente, antes de hacer lo mismo con el brazo derecho. Luego relajo los músculos del cuello, antes de dejar fluir la relajación en mi cara hasta la coronilla. Al final examino mentalmente todo mi cuerpo para asegurarme de que cada parte está lo más relajada posible. Una vez que usted haga esto y se sienta relajado, puede empezar a comunicarse con sus tres cuerpos.

2. Concéntrese en su plexo solar y comience a pensar en su yo inferior. Piense en el maravilloso trabajo que hace por usted, y agradézcale en silencio. Dé gracias por su capacidad para recordar todo, por su sabiduría y poder para llevar a cabo las exigencias de su yo medio. También agradézcale su capacidad para almacenar y manejar las emociones. A todos nos gusta recibir las gracias de vez en cuando, y sus tres cuerpos no son la excepción. Sin embargo, el agradecimiento debe ser auténtico.

No tiene caso expresar palabras que no significan nada para usted, pues cada uno de los cuerpos reconocerá de inmediato cualquier falsedad.

3. Pídale a su yo inferior que revele la carga indeseada que está llevando. Podría recibir una imagen clara en su mente, o tener una sensación física en el plexo solar. Tal vez experimente la sensación de saber de qué se trata.

4. Pídale a su yo inferior que dé una idea de cómo sería su vida sin estos sentimientos y emociones indeseados. De nuevo, puede experimentar esto de diferentes formas. Tal vez se sentirá libre, tendrá una sensación agradable en su estómago, o una alegría desbordante.

5. Agradezca a su yo inferior por revelarle la carga que llevaba. Exprésele su amor.

6. Dirija la atención a su yo medio en el lado izquierdo de la cabeza. Déle las gracias por trabajar incansablemente por usted todos los días. Agradézcale por sus cualidades de pensar y sintetizar información, además de su fuerza de voluntad, fortaleza y capacidad para iniciar y llevar a cabo las cosas.

7. Pregúntele a su yo medio si está libre la cuerda de aka entre él y su yo inferior. Si este canal está bloqueado, pregunte qué debe hacerse para despejarlo. Pídale a su yo medio que lo ayude a alimentarlo sólo con pensamientos buenos, para que sean enviados a su yo inferior sólo mensajes positivos.

8. Exprese el amor por su yo medio.

9. Enfoque la atención a su yo superior. Visualícelo a cinco pies sobre usted, unido a su cabeza con una hermosa cuerda dorada. Experimente el amor que siempre recibe de su yo superior.

10. Agradézcale a su yo superior por cuidarlo, y por su disposición a ayudar en cualquier momento que se lo pida. Pídale el conocimiento que pueda ofrecer para ayudarlo en este momento. Haga una pausa un par de minutos, disfrutando este contacto íntimo con su yo superior. Agradézcale otra vez.

11. Tome tres respiraciones lentas y profundas. Gradualmente familiarícese con su entorno, y cuando se sienta listo, levántese y continúe con su día.

Descubrirá que este es un buen ejercicio para hacer regularmente. Entre más conozca a sus tres cuerpos, mejor será su vida. Podrá hacerles preguntas sobre cualquier aspecto de su vida, y siempre recibirá respuestas útiles, ya que tienen en mente las mejores intenciones todo el tiempo. Podría desarrollar este ejercicio para hacer una pregunta específica, y el mensaje de sus tres cuerpos le ayudará a tomar la decisión correcta. También puede hacerlo para expresar su agradecimiento y amor a sus tres cuerpos por cuidar de usted constantemente.

Ritual kahuna para la vitalidad

Cuando estamos llenos de vitalidad y energía, sentimos que podemos hacer cualquier cosa. Sin embargo, muchas personas rara vez experimentan este estado. Su vida transcurre en forma apática y sin energía. Es necesario suficiente descanso, pero después de un buen sueño nocturno deberíamos tener abundante energía para manejar todo lo que el día ofrece. Aunque no nos demos cuenta, poseemos un poder ilimitado y podemos lograr lo que fijemos en la mente. Este ritual kahuna lo llenará de energía, entusiasmo, vitalidad y fuerza en el momento que se necesite.

1. Siéntese en una silla cómoda y relaje su cuerpo.

2. Cuando se sienta listo, levántese. Párese con los pies separados de doce a dieciocho pulgadas.

3. Tome cuatro respiraciones lentas y profundas, sosteniendo cada una por algunos segundos antes de exhalar. Con cada respiración imagine que se está llenando hasta rebosar con abundante mana.

4. Después de las cuatro respiraciones, visualícese lleno de mana. Podría cerrar los ojos para imaginarlo. Tome otra respiración profunda y, en su mente, vea este mana adicional saliendo de la coronilla de su cabeza. Me gusta visualizar esto como una corriente de agua constante, desbordándose y saliendo por mi coronilla. Este mana es energía pura, y cuando lo veo salir de mi cabeza, sé que estoy rebosante de energía y listo para cualquier cosa. Debido a que el mana también es un bálsamo curativo, es bueno hacer este ejercicio cuando estamos indispuestos o debilitados. También puede ser usado para elevar el ánimo si nos sentimos abatidos o deprimidos.

5. Retenga la imagen en su mente todo el tiempo posible. Cuando esté listo, abra los ojos, estírese y sienta la vitalidad y fuerza dentro de usted.

Un amigo mío usa este ejercicio para tener confianza en sí mismo. Aunque es un actor experimentado, aún sufre de nervios antes de cada actuación. Después de hacer este ejercicio se siente tan lleno de fuerza y energía, que elimina toda tensión y estrés, y puede entrar al escenario firme y seguro de sí mismo.

También puede usar este ejercicio para hablar con sus tres cuerpos. Si está indispuesto, hable con su yo inferior. Las respuestas llegarán como pensamientos en su mente. Su yo inferior cuida su cuerpo físico y le permite hablar directamente con cualquier parte de él que no esté funcionando tan bien como debería. Cuando haya hecho eso, debe hablarle a su yo superior y pedirle dirección y curación. Si el problema es grave, tiene que consultar un profesional de la salud y seguir sus indicaciones.

Enfóquese en su pensamiento cuando esté haciendo algún tipo de autocuración. Podría usar afirmaciones como "mi hombro está sanando con rapidez, y estoy recuperando una salud vibrante". Además, desarrolle el rito kahuna al menos una vez al día hasta que su salud sea perfecta de nuevo.

Curando con la energía kahuna

Podemos usar el ejercicio de los ocho pasos para un milagro con propósitos de autocuración, pero no puede ser empleado si vamos a enviar energía curativa a otra persona. Existen dos métodos kahunas para curar a otros: uno si la persona está con usted, y el segundo para curación ausente.

Método uno

1. Siéntese con la persona a la que va a transmitir energía curativa. Pídale que se relaje, mientras usted hace la primera parte del proceso. Tome suficiente tiempo en esta etapa para relajar la mente y el cuerpo.

2. Cuando esté listo, párese con los pies separados a unas dieciocho pulgadas, y tome cuatro respiraciones profundas de la forma usual. Imagine que está llenando su yo inferior con mana curativo.

3. De nuevo, cuando esté listo, deje que este mana ascienda hasta su yo superior. Visualícelo como una nube de energía blanca sobre su cabeza.

4. Dentro de esta nube visualice a la persona que desea curar, pero imagínela con la salud plenamente restablecida.

5. Dígale a su yo superior: "quiero energía curativa para (nombre de la persona). Restáurale su salud y vitalidad. Te pido esto gran padre (o cualquier nombre que escoja para llamar a su yo superior)".

6. Espere hasta que sienta una respuesta en su cuerpo. Es probable que sea la sensación de que es tiempo de proceder con el ritual. Sin embargo, podría experimentarla en diversas formas. Tal vez tenga una sensación de calor, frío, o una reacción en sus brazos u hombros.

7. Separe las palmas unas doce pulgadas y tome otras cuatro respiraciones profundas. Es probable que tenga una sensación de calor en las palmas de las manos.

8. Si la persona está enferma en una parte específica del cuerpo, ponga las manos a unas pulgadas de cada lado de esta área, con las palmas frente a frente. Sostenga esta posición sesenta segundos.

9. Ponga las manos sobre la parte del cuerpo que necesita curación. Como alternativa, coloque las palmas de sus manos sobre los hombros de la persona. De nuevo, mantenga esta posición sesenta segundos. La colocación de las manos es una forma buena de transmitir energía mana de una persona a otra. Si la persona está enferma, pero no hay un área específica que debe ser curada, puede transmitir energía a todo el cuerpo de la persona a través de las manos.

10. Después de pasar un minuto sobre el área específica que necesita curación, pídale a la persona que se pare. Hágase a un lado de ella y, con las manos cerca una de la otra, lentamente pase las palmas desde la coronilla de la persona hasta los pies. Todo el tiempo las palmas deben estar a unas tres pulgadas del cuerpo de la persona.

11. Después de hacer esto, aparte la vista de la persona y sacuda vigorosamente ambas manos. Esto es para liberar la negatividad que sus manos han recogido del paciente. Tome otras cuatro respiraciones profundas para que se llene de nuevo con mana, y repita esto en el otro lado del cuerpo de la persona.

12. Repita esta etapa con el frente y la espalda de la persona, recordando sacudir las manos con vigor cada vez.

13. Al final, pídale al paciente que tome cuatro respiraciones lentas y profundas. Haga este ejercicio con él o ella. Esto restaura su mana y también provee mana adicional para la persona.

14. Repita el procedimiento todo lo posible, idealmente a diario, hasta que la persona restablezca su salud por completo.

Método dos (curación ausente)

Cuando sea posible, pídale primero permiso a la persona que recibirá la curación. Todos seguimos nuestro propio camino a través de la vida, y a algunos no les gustará que alguien les proyecte una curación. Esto puede parecer extraño, pero algunas personas tienen un interés creado al estar enfermas. Puede darles la comprensión o atención que subconscientemente sentían que les faltaba cuando estaban bien. Incluso podrían oponerse a cualquier forma de curación alternativa. Usted debe respetar esos deseos. Si no quieren ser curados, pregunte si puede orar por ellos.

Si alguien está inconsciente, o usted no puede contactarlo por alguna razón, puede enviar mana al yo superior de esta persona. Pida que sea usado para el mayor beneficio posible del paciente.

1. Relájese en una silla cómoda y piense en la persona que necesita sus energías curativas.

2. Cuando esté listo, párese y llene de mana su yo inferior.

3. Envíe esto a su yo superior y visualícelo como una nube de energía sobre su cabeza. Mentalmente ponga dentro de esta nube a la persona a quien está enviando la curación. Sin embargo, la imagen que visualice debe mostrarla disfrutando de salud radiante.

4. Retenga esta imagen en la mente todo el tiempo que pueda, y luego pídale a su yo superior que envíe este mana al yo superior de la persona que pretende ayudar. Puede decir: "gran padre, por favor envía este mana curativo a mi amigo (nombre de la persona). Mi amigo quiere tener de nuevo buena salud, y yo estoy agradecido por tu ayuda. Gracias".

5. Tome cuatro respiraciones profundas para llenar de mana su cuerpo. Cierre los ojos, y visualice este mana saliendo de su cuerpo desde el área del corazón, y fluyendo hacia su amigo.

6. Dé gracias a cada uno de sus tres cuerpos, y continúe con su día, seguro de que el mana que ha enviado y la ayuda recibida de su yo superior, beneficiarán a su amigo enfermo. Además, ha establecido o fortalecido la unión de aka entre usted y la persona que requiere curación.

Los métodos de los kahunas casi desaparecen de la historia, y es una suerte que personas dedicadas, tales como el doctor William Tufts Brigham y Max Freedom Long, se las hayan arreglado para registrarlos antes que desaparecieran para siempre. El rito ha le permitía a los kahunas ponerse en contacto con el dios interior y realizar milagros. Usted puede usar los mismos métodos para hacer milagros en su propia vida.

CINCO

Milagros de la intuición

LOS ANTIGUOS KAHUNAS usaban el yo superior para tener acceso a su intuición. Ahora que usted ha practicado algunas de sus técnicas, puede empezar a hacer milagros de intuición.

La intuición es el arte de adquirir conocimiento sin el uso de los cinco sentidos normales, esto es, vista, oído, olfato, tacto y gusto. La intuición es un sexto sentido que todos poseemos. ¿Alguna vez ha experimentado un presentimiento o sentimiento visceral acerca de algo? Esa es su intuición en acción. Es un pensamiento o sentimiento que de repente llega a la mente, eludiendo los procesos de razonamiento normales.

Encuestas realizadas a ejecutivos exitosos muestran que muchas de sus decisiones son tomadas con base en sus presentimientos. La mayor parte del tiempo usan la razón y la lógica, naturalmente, pero cuando tienen un sentimiento repentino acerca de algo, actúan de acuerdo a él. Uno de mis amigos ha creado y dirigido más de una docena de empresas en el tiempo que llevo de conocerlo. Tiene el increíble don de saber qué clase de negocio será exitoso en un momento dado. Por consiguiente, por lo general está unos pasos adelante de los demás con cada nueva empresa. También sabe cuándo debe vender, y suele hacerlo sólo unos meses después de que ha alcanzado su punto culminante la demanda de algo que él está ofreciendo.

Otros empresarios siempre le preguntan sobre sus "secretos". Rara vez quedan satisfechos cuando dice que él sólo sigue sus sentimientos. Es alguien que usa su intuición para lograr un éxito asombroso. Su historia de pobreza a riqueza es un milagro. Encuentro fascinante la forma como utiliza su intuición en los negocios, pero no es así en otras áreas de su vida. Son pocas las personas que tienen éxito en todas las áreas de la vida, pero es algo que todos deberíamos intentar. Así, toda nuestra vida será un milagro digno de ser apreciado.

La percepción extrasensorial puede ser dividida en varias áreas: telepatía, clarividencia, precognición y sicoquinesis. La telepatía es la capacidad de transmitir y recibir pensamientos. También se conoce como comunicación mente a mente. La clarividencia no necesita la presencia de otra mente. Es la capacidad de percibir psíquicamente información que no es conocida conscientemente. Cuando alguien usa la clarividencia, "sabe" la respuesta. La precognición, o premonición, es el arte de conocer sucesos futuros. La sicoquinesis es un poco diferente a las otras tres, y es la capacidad de influenciar mentalmente un objeto o suceso. Los jugadores intentan esto cada vez que tratan de influenciar la tirada de los dados.

Es importante recordar que nuestra intuición está activa todo el tiempo. Podemos usarla conscientemente, si queremos, pero también funciona subconscientemente a lo largo de la vida para ayudarnos y protegernos. A menudo, las intuiciones subconscientes llegan en forma de sueños, o cuando estamos haciendo algo trivial como lavar los platos.

Para el propósito de los milagros, las dos formas de percepción extrasensorial son la clarividencia y la precognición.

Clarividencia

La clarividencia es la capacidad de recibir impresiones de algo sin usar los cinco sentidos. Los cinco sentidos son agudizados considerablemente cuando es adicionado un sexto sentido —el conocimiento—. Al dormir conscientemente los cinco sentidos, permitimos que el sexto entre en acción. Cuando usamos este conocimiento, canalizamos información de la mente universal en nuestra mente subconsciente, y luego en nuestro consciente.

Usted puede haber hecho esto en momentos especiales en el pasado, cuando de repente se sintonizó con el universo. Tal vez ha obtenido información repentina acerca de algo o alguien, de la que no se habría enterado de ninguna otra forma. No necesita esperar que ocurran de nuevo esos momentos mágicos. La clarividencia es una capacidad natural que todos podemos desarrollar.

El primer paso es relajarse. Esto es esencial para cualquier actividad psíquica. Es difícil recibir impresiones clarividentes cuando estamos tensos o estresados. Escoja una hora apropiada y un lugar donde sea improbable que lo interrumpan. Siéntese en una silla cómoda, cierre los ojos, tome algunas respiraciones profundas y concéntrese en relajar todos los músculos del cuerpo.

Cuando se sienta relajado físicamente, aquiete también su mente. Esto no es fácil de lograrlo debido a que la mente está ocupada todo el tiempo. En lo posible, elimine todo pensamiento consciente para que lo que llegue a su mente sea de forma clarividente.

Puede experimentar impresiones clarividentes como pensamientos, sentimientos, olores, sonidos o imágenes. A veces, varias de ellas pueden ser usadas al mismo tiempo para crear una impresión clara. Trate de no evaluar la información de inmediato, pues las impresiones clarividentes son frágiles y se pierden con facilidad cuando la mente consciente entra en acción.

Clarividencia significa "ver" algo que no es conocido. Oír cosas, por ejemplo, es llamado "clariaudiencia", y sentir algo se conoce como "clarisentience". Sin embargo, por conveniencia, se dice que la información recibida por medios paranormales llega de forma clarividente.

Chester Carlson, el inventor de la máquina copiadora Xerox, atribuyó su éxito a la "clariaudiencia". Una noche, mientras trabajaba en su laboratorio, una voz le enseñó cómo imprimir copias en hojas de papel. Para mostrar su agradecimiento al universo por darle la información, Carlson donó millones de dólares para investigaciones en el campo psíquico.[1]

Un caso verificado de clarividencia ocurrió en 1756, cuando Emmanuel Swedenborg (1688–1772) recibió impresiones clarividentes de un incendio en Estocolmo, a trescientas millas de distancia. Swedenborg entró en trance estando en una recepción en Gothenberg, y les habló a las personas presentes sobre el incendio mientras éste ocurría. Cuando llegó un mensajero el día siguiente, trayendo noticias del incendio, se descubrió que la visión clarividente de Swedenborg había sido correcta en todos los detalles.

En su libro *Powers That Be*, Beverley Nichols narró un caso documentado de clarividencia espontánea. Al hacer un reportaje radial sobre la familia real británica para la Canadian Broadcasting Company, decidió terminar su reportaje con una descripción de la reina paseando por la alameda en un coche. Mientras hablaba, experimentó el repentino inicio de un dolor de cabeza, y llegó a su mente una clara imagen del presidente Kennedy en un auto descapotado, con escoltas en motocicleta. El director del programa estaba encantado, pues esto le permitió a Beverley Nichols comparar la enorme seguridad requerida para el presidente de los Estados Unidos, con la relajada parafernalia empleada para el transporte de la familia real. Una vez terminado el reportaje, el equipo de emisión salió a la calle. Un hombre se les acercó y les dijo que el presidente Kennedy acababa de ser asesinado, en el momento exacto en que Nichols tuvo su inesperado dolor de cabeza.[2] La única diferencia fue que Beverley Nichols había visto al presidente Kennedy en Nueva York, en lugar de Dallas.

Una buena forma de desarrollar la clarividencia es sostener un objeto y ver qué impresiones recibimos. Esto se conoce como psicometría. Siéntese, relájese, sostenga o toque el objeto, y vea lo que sucede. La primera vez que lo intente, podrán pasar varios minutos hasta que reciba una impresión. Sin embargo, con la práctica, las impresiones llegarán a su mente casi de inmediato después de que entre a un estado mental clarividente. Algunos expertos pueden percibir la historia completa de un objeto cuando lo sostienen o tocan.

La siguiente es la declaración de la Sra. Anna Denton, una psicometrista del siglo XIX, mientras sostenía un fragmento de un diente de mastodonte:

> Mi impresión es que es una parte de un animal enorme, quizás parte de un diente. Siento un monstruo perfecto, con fuertes patas, cabeza pesada y un cuerpo muy grande. Voy a un arroyo poco profundo a beber. Apenas puedo hablar, mis mandíbulas son tan pesadas. Siento que me poso a cuatro pies. Qué ruido tan fuerte llega a través del bosque. Tengo el impulso de responderle. Mis orejas son muy grandes y correosas, y casi puedo sentir que tocan mi cara mientras muevo la cabeza. Hay algunos mayores que yo. También parece tan difícil hablar con estas mandíbulas pesadas. Son de color pardo oscuro, como si hubieran sido bronceadas completamente. Hay un compañero viejo, con grandes colmillos, que luce muy fuerte. Veo a varios jóvenes; en realidad, hay toda una manada.3

Como podemos ver, es increíble la cantidad de información que puede ser recibida de esta forma. La Sra. Denton parecía convertirse en un mastodonte durante el momento que sostenía el fragmento de diente.

Charles Inman hizo la psicometría a cartas para obtener información de ellas. Él era un protegido del doctor Joseph Rodes Buchanan (1814–1899), un hombre que estudió la psicometría toda la vida y escribió un extenso libro sobre el tema llamado *Manual of Psychometry* (1899). El doctor Buchanan observó la precisión de Charles Inman al practicar la psicometría en personas pasando las manos sobre sus cabezas, y decidió ver si podía hacer lo mismo con cartas. Escogió cuatro cartas de sus archivos, cada una escrita por una persona de fuerte carácter. Cuando las tomó en sus manos, Charles Inman pudo hablar acerca de los escritores de las mismas como si los hubiera conocido toda su vida. Dos de las cartas habían sido escritas por dos personas que habían tenido una relación de amistad, pero ahora eran enemigas. Inman captó esto, y descubrió que las emociones inducidas eran tan fuertes, que debió descargar las cartas. El doctor Buchanan preguntó cuál de las dos personas ganaría en un conflicto. Inman levantó una carta y dijo: "esta aplastaría a la otra". De nuevo tuvo razón, ya que esta persona había sido responsable de que la otra perdiera su posición.[4]

Sea paciente, experimente con regularidad, y lleve notas de su progreso. La clarividencia es una capacidad útil que puede mejorar su vida de muchas formas.

Cómo predecir su futuro

¿Qué sería más milagroso que abrir el velo y entrever el futuro? Profecía, adivinación, precognición, premonición, previsión, augurio y doble vista son términos usados para describir la capacidad de predecir sucesos futuros. A lo largo de la historia, ciertas personas dotadas han podido hacer exactamente eso. Sin embargo, las investigaciones en el campo de la parasicología parecen indicar que todos tenemos ese don, pero debe ser estimulado para que se desarrolle.

Las predicciones siempre han sido populares. El oráculo de Apolo en Delfos, fue uno de varios templos oráculo populares durante la civilización griega. El rey Creso de Lidia probó muchos oráculos, y quedó sorprendido cuando el oráculo délfico anunció con certeza que Creso estaba cocinando cordero y tortuga en una olla de latón. Era lo más inusual que podía estar haciendo un rey. Estimulado por esto,

Creso preguntó por una campaña militar que estaba considerando. El oráculo le respondió que terminaría en la destrucción de un gran ejército. Asumiendo que éste debía ser el enemigo, Creso siguió adelante con sus planes, pero el gran ejército destruido fue el suyo.

Uno de los mayores encuentros militares de la historia antigua, la batalla de Salamina, fue el resultado directo de una profecía del oráculo délfico. Alrededor del año 480 a. C., los persas, bajo la dirección de Jerjes, decidieron atacar a Atenas. Él hizo construir mil cuatrocientos barcos enormes para transportar su ejército a través del mar Egeo. Tan pronto como los atenienses se enteraron de esta amenaza, consultaron el oráculo. El pronóstico no era favorable. El oráculo aconsejó que todos salieran de Atenas y pusieran su fe en las murallas del bosque. La mitad de la población se rehusó a abandonar la ciudad, mientras los otros se fueron al Pireo y construyeron trescientos barcos de madera. Los persas saquearon a Atenas, y luego procedieron a atacar los barcos griegos. Los griegos llevaron con señuelos a los persas hasta el estrecho de Salamina, donde barcos más pequeños pudieron enfrentar y hundir los chapuceros navíos persas. Los barcos persas restantes huyeron a casa, dejando atrás a sus soldados. La mayoría de éstos murió intentando regresar a su tierra cruzando las montañas en pleno invierno. El Partenón, la más grande maravilla arquitectónica del antiguo mundo, fue construido después para conmemorar esta victoria.

Dieciocho de los treinta y nueve libros del Antiguo Testamento comienzan con las palabras "el libro del profeta". La mayoría de personas ha oído cómo José interpretó los sueños precognitivos del Faraón: "He aquí, vienen siete años de gran abundancia en toda la tierra de Egipto. Y tras ellos seguirán siete años de hambre" (Génesis

41:29–30). José, el padre terrenal de Jesús, tuvo un sueño profético que le salvó la vida al niño: "El ángel del Señor apareció en sueños a José y dijo: Levántate, y toma al niño y a su madre, y huye a Egipto, y permanece allá hasta que yo te diga; porque acontecerá que Herodes buscará al niño para matarlo" (Mateo 2:13).

En la última Cena, Jesús hizo una predicción cuando dijo, "uno de vosotros, que come conmigo, me va a entregar" (Marcos 14:17). Hizo otra cuando le dijo a Pedro, "antes que el gallo haya cantado dos veces, me negarás tres veces" (Marcos 14:30). Ambas predicciones se cumplieron.

Las predicciones siguen jugando un papel importante en la vida actual. Los pronosticadores del tiempo dicen cómo creen que será el clima en cierto día. Los pronosticadores económicos hacen predicciones acerca de la economía. Los jugadores predicen el resultado de carreras de caballos. Los psicólogos conductistas pueden pronosticar con extraordinaria precisión cómo se comportará una persona en una serie de circunstancias dadas. Los estadísticos pueden prever el número de nacimientos, muertes, asesinatos y suicidios en un determinado período con gran exactitud. Todas estas personas hacen predicciones con base en la información que tienen.

Sin embargo, algunos parecen trascender el tiempo y ver sucesos futuros sin información anticipada. Estos casos ocurren más comúnmente en sueños, o en el lapso indefinido entre estar dormido o despierto. Otros usan medios de diversas clases, tales como el I Ching, cartas del Tarot o bolas de cristal, para entrever el futuro.

Algunas personas tienen el don de predecir el futuro sin ninguna clase de ayuda. Lo más común es a través de los sueños, o en el estado medio entre despierto y dormido. Otras personas utilizan diferentes tipos de ayuda como el I Ching, el tarot, las cartas, la bola de cristal, etc.

Un ejemplo interesante de lo anterior es la cesta adivinatoria usada por la tribu bantú de África. Se trata de una cesta tejida, con tapa, que contiene de cuarenta a ochenta objetos tipo fetiche. Cada uno de estos objetos simboliza algo, o un cierto aspecto de la vida en la aldea. El adivinador sacude la cesta y luego hace una predicción basada en el objeto que queda más arriba. Con frecuencia, estas profecías resultan ser correctas.[5]

He tenido mucho éxito con las piedras celestes. Los antiguos celtas practicaban diversas formas de adivinación con piedras, pues creían que todo, incluso las piedras, poseía un espíritu. La adivinación con piedras celestes es una de varias formas registradas en *The Books of Fferyllt*, uno de los textos antiguos del País de Gales. Las piedras celestes se limitan a respuestas de "sí" y "no", pero son asombrosamente precisas. Se necesitan tres piedras de una pulgada de diámetro: una dorada, una plateada y una negra. Yo uso pirita dorada u ojo de gato para la primera, hematites para la plateada y obsidiana para la negra. Estos colores simbolizan los tres umbrales druídicos del alba (dorado), crepúsculo (plateado) y medianoche (negro).

Para utilizar las piedras, sosténgalas con una mano mientras piensa en su pregunta. Tírelas suavemente sobre una superficie plana, y vea cuál está más cerca de la negra. Si es la dorada, la respuesta es positiva; si es la plateada, la respuesta es negativa. Si las dos están a la misma distancia de la piedra negra, deben ser lanzadas de nuevo. Si experimenta con ellas, acepte la respuesta que le dan. No siga tirándolas con la esperanza de obtener una respuesta diferente. Las piedras pierden su efectividad cuando se duda de esta forma.[6]

Los parasicólogos han desarrollado varios experimentos de predicción bajo condiciones de laboratorio. Los primeros experimentos fueron conducidos por el doctor J. B. Rhine en 1933. A una persona que había mostrado capacidad clarividente con cartas en experimentos de percepción extrasensorial, se le pidió que predijera el orden de las cartas después de ser barajadas. Los resultados fueron prometedores y motivaron a los parasicólogos a continuar con sus pruebas.7

El doctor S. G. Soal, un matemático de la Universidad de Londres, trató de duplicar los experimentos del doctor Rhine en Inglaterra. Sus pruebas con ciento sesenta y dos personas desde 1934 hasta 1939, no mostraron evidencia de percepción extrasensorial, y empezó a dudar si en realidad ésta existía.

Un investigador llamado Whately Carington comenzó a conducir experimentos de percepción extrasensorial en Cambridge en 1939. Uno de ellos involucró a trescientas personas que debían adivinar el dibujo aleatorio que él proyectaba cada día. Descubrió que tenía poco éxito en las noches en que mostraba el dibujo, pero encontró que muchos de sus voluntarios lo adivinaban uno o dos días antes o después. Esto parecía indicar precognición y retrocognición. Carington sugirió que el doctor Soal examinara sus resultados una vez más, para ver si mostraban este efecto de desplazamiento. Después de mucha persuasión, y con muchas dudas, el doctor Soal aceptó hacerlo, y descubrió que dos de sus voluntarios eran excepcionalmente buenos para predecir la carta siguiente a la que se había estado proyectando. El doctor Soal continuó sus experimentos con estos dos individuos y obtuvo resultados aceptables. Uno de ellos, Basil Shackleton, adivinaba una carta cada dos segundos y medio, y constantemente elegía la carta siguiente a la que estaba siendo puesta. Cuando el doctor Soal le pidió acelerar hasta una carta cada 1.25 segundos, él empezó a escoger la carta posterior a la siguiente. Estadísticamente, los resultados obtenidos tenían una probabilidad de uno entre miles de millones.[8] Esto parecía ser una evidencia concluyente de precognición.

El doctor Soal reportó que no había tenido éxito, e incluso dudó de los resultados del doctor Rhine. Sin embargo, tuvo evidencia positiva de precognición todo el tiempo, pero no lo había identificado. En 1955, G. R. Price quiso mostrar que los doctores Rhine y Soal habían obtenido por fraude sus exitosos resultados. Dieciséis años después, se retractó de su acusación.[9]

Helmut Schmidt, en un tiempo director del laboratorio de parasicología del doctor J. B. Rhine, ideó un experimento que involucraba la descomposición de átomos de estroncio-90 usando electrones. Se les pedía a los participantes que pronosticaran cuándo aparecería el siguiente electrón en este proceso aleatorio. En el primero de los experimentos principales, tres voluntarios lograron resultados que eran un 4.4 por ciento más altos que lo indicado por la suerte. La probabilidad de que esto ocurriera por azar era menor que uno en quinientos millones. En el segundo experimento principal, se les dio a los participantes la elección de buscar un número mayor o menor de aciertos. Esto también fue exitoso. Las personas que buscaron más aciertos estuvieron en 7.1 por ciento delante de lo esperado por el azar, y quienes buscaron menos aciertos sobrepasaron la suerte un 9.1 por ciento. La probabilidad de que esto ocurriera por azar es menor que uno en diez mil millones.[10] Sin embargo, la precisión de estas cifras ha sido cuestionada por los críticos del doctor Schmidt.[11]

Gerald Croiset, psíquico holandés, fue sujeto a una serie de pruebas por el profesor Willem Tenhaeff de la Universidad de Utrecht. El doctor Tenhaeff escogió aleatoriamente un asiento numerado no reservado en un teatro local, y pidió a Croiset que describiera a la persona que se sentaría en ese asiento en particular en una determinada fecha en el futuro. El doctor Tenhaeff tuvo un control total de las condiciones, escogiendo el teatro que iba a ser usado, la fecha y el número del asiento. Croiset no fue perfecto, pero logró muchos aciertos. En una ocasión, el teatro seleccionado estaba en Rotterdam, y el asiento era el número 3. Croiset describió a una mujer de mediana edad de Milán, quien vivía en un apartamento sobre una carnicería, y tenía una cicatriz en su cara originada por un reciente accidente automovilístico. Croiset acertó en todos los detalles.[12]

La mayor probabilidad de predicciones es de sucesos trágicos, y están relacionados con la muerte de la persona o alguien cercano a ella.

Un ejemplo fascinante fue relatado por el famoso mago Harry Kellar (1849–1922). En 1877, él se encontraba en Shanghai con dos hombres que usaban los nombres artísticos de Ling Look y Yamadeva. Eran hermanos, a pesar de tener estos nombres diferentes. Poco antes de salir para Hong Kong, Yamadeva y Kellar visitaron una bolera. Vieron a un capitán de barco usando una bola grande y pesada, y Yamadeva decidió ensayar una similar. La cogió y, con todo el esfuerzo que pudo hacer, la tiró por la pista. De inmediato sintió un fuerte dolor en su cuerpo, y apenas pudo regresar al barco. Se acostó y poco después murió. La autopsia mostró que se había roto una arteria. El capitán del barco no quería llevar el cuerpo a Hong Kong, pero Kellar y Ling Look lo convencieron de lo contrario.

Cuando el barco zarpó por el río Yang Tse Kiang, Ling Look estaba deprimido. De repente se alegró al oír el silbido poco común que él y su hermano usaban para llamarse mutuamente. El silbido fue repetido varias veces y todos en el barco lo oyeron. El capitán, sintiendo que algo sucedía, decidió quitar la tapa del ataúd, y confirmó que sin duda Yamadeva estaba muerto.

Ling Look empezó a sollozar, y le dijo a Harry Kellar que no estaría vivo cuando el barco llegara a Hong Kong, pues su hermano estaba llamándolo. Cuando Ling Look llegó a esta ciudad, necesitó una operación en el hígado, y falleció sin recuperar el conocimiento. La predicción de Ling Look de que su hermano estaba llamándolo resultó ser correcta.[13]

Esto nos hace pensar en si Ling Look pudo haber cambiado su destino. En realidad, es probable que deseara reunirse con su hermano, pero, ¿y si hubiera querido vivir? Hay muchos casos registrados que parecen indicar que él pudo haber cambiado su destino.

Un amigo de Arthur W. Osborn, autor de un excelente libro sobre precognición, *The Future is Now*, hizo exactamente eso. Él era profesor de música en una escuela pública inglesa. Un día estaba observando a un alumno que tocaba el piano, cuando la música pareció irse para dar lugar a la escena de una carretera por la que él conduciría esa tarde. Vio a un auto que dio una curva por el lado equivocado de la vía, conduciendo a alta velocidad. La escena se desvaneció y él pudo ver de nuevo al músico. Esa tarde, mientras iba por el mismo tramo de la carretera, recordó la visión, y detuvo el auto al otro lado del camino. Al hacerlo, un auto dio la curva en el lado equivocado de la vía, conduciendo muy rápido, exactamente como en su premonición.[14]

Otro ejemplo interesante involucró a Sir Winston Churchill. Durante los ataques aéreos en Londres en la II Guerra Mundial, Churchill regularmente visitaba a las fuerzas de defensa civil para elevar su moral. Siempre se sentaba en el lado derecho de su auto. Una noche, su chofer le abrió esta puerta, pero Churchill, después de mirar la puerta abierta, le dio la vuelta al auto, abrió la puerta del otro lado y entró. Nunca antes había hecho esto. Treinta minutos después, una bomba cayó cerca del lado opuesto del vehículo, y la fuerza de la explosión levantó ese lado del auto. El automóvil casi se vuelca, pero se enderezó justo a tiempo. Churchill no le comentó el incidente a su esposa, para evitar que se preocupara, pero ella se enteró por medio del chofer. Cuando le preguntó a su esposo por qué le había dado la vuelta al auto y entrado por el lado izquierdo, él dijo que no sabía. Cuando ella lo miró fijamente, Churchill agregó: "sí lo sé, cuando llegué a la puerta del lado derecho que estaba abierta, algo en mí dijo 'detente, da la vuelta hasta el otro lado y entra por ahí', y eso fue lo que hice".[15]

Si la precognición se da en casos personales, tales como los anteriores, es posible que algunos individuos pronostiquen desastres mayores. William Lilly (1602–1681) era un conocido astrólogo que, en 1648, publicó sus predicciones de la gran peste y el gran incendio de Londres en el libro *Astrological Predictions*. "En el año 1665", escribió, "el afelio de Marte, que es la significación general de Inglaterra, estará en Virgo, que seguramente es el ascendente de la monarquía inglesa, pero Aries es el del reino. Por consiguiente, cuando Marte aparezca a la distancia en Virgo, quien esperará menos que una extraña catástrofe de problemas humanos en la nación, monarquía y reino de Inglaterra . . . será amenazador para Londres, hasta sus comerciantes en el mar, su tráfico en tierra, los pobres, toda clase de personas, habitando en o hasta sus libertades, por obra de varios incendios y una peste destructora".[16] William Lilly hizo otras predicciones acerca de la peste y el incendio en su libro *Monarchy and No Monarchy*, publicado en 1651. Debido a que sus predicciones resultaron ser precisas en cada detalle, Lilly fue llamado ante una comisión creada para investigar los desastres del 25 de octubre de 1666. Informó que había sido tratado bien por la comisión, que quedó satisfecha respecto a que él había hecho las predicciones basado sólo en sus cálculos astrológicos.

En 1912, un ingeniero marítimo llamado Colin Macdonald tuvo la fuerte premonición de que le sucedería un desastre al Titanic, y rechazó tres ofertas tentadoras para ser contratado como segundo ingeniero. El hombre que tomó su lugar murió ahogado.

W. T. Stead, el famoso director de periódico, no fue tan afortunado. Dos adivinos le dijeron que se ahogaría en un barco que zarparía a Norteamérica. A pesar de su interés por el campo psíquico, W. T. Stead reservó un camarote en el Titanic y murió como lo habían predicho los adivinos.[17]

En 1956, Jeane Dixon fue entrevistada por Jack Anderson, de la revista *Parade*. En su artículo de la edición de mayo 13 de la revista, él escribió: "en cuanto a las elecciones de 1960, la Sra. Dixon cree que serán ganadas por un demócrata; pero él será asesinado durante sus funciones". Esta predicción resultó trágicamente cierta el 22 de noviembre de 1963, cuando el presidente Kennedy fue asesinado en Dallas. En realidad, Jeane Dixon había tenido varias premoniciones relacionadas con la muerte del presidente, que se iniciaron en 1952. El día que el presidente Kennedy fue asesinado, Jeane tuvo una visión de la Casa Blanca cubierta de negro. En el desayuno de ese día, ella dijo, "este es el día —este es el día—; tiene que suceder".[18] Dixon había predicho la muerte de otro presidente. En noviembre de 1944, el presidente Roosevelt la invitó a la Casa Blanca y le preguntó cuánto tiempo de vida le quedaba. Ella le dijo que serían seis meses o menos. Roosevelt murió cinco meses después.[19]

Una niña de nueve años en el País de Gales tuvo una inquietante premonición. Ella dijo a su madre, "no tengo miedo de morir, mamá, porque estaré con Jesús".

"¿Por qué dices eso?", preguntó su madre.

"Porque todo es tan oscuro a mi alrededor", contestó. La mañana siguiente, el 21 de octubre de 1966, una enorme avalancha rodó por la ladera de una montaña y mató a 128 niños en la escuela Aberfan. La niña quedó enterrada en la avalancha.[20] Después del desastre minero de Aberfan, el periódico *London Evening Standard* preguntó a sus lectores si habían tenido premoniciones acerca de la tragedia. Setenta y seis personas escribieron afirmando haber tenido tales experiencias; veinticuatro de ellas les habían contado sus premoniciones a otros antes del accidente. Muchos mencionaron una sustancia legamosa y negra, y un hombre dio el nombre de "Aberfan".[21]

La mayoría de las premoniciones recibidas comúnmente son relacionadas con desastres. En muchas ocasiones, parece que este conocimiento anticipado puede prevenir la tragedia. La doctora Louisa E. Rhine registró el caso de una madre que soñó que en dos horas un violento vendaval haría que una araña de luces pesada se desprendiera del techo y caería sobre la cabeza de su bebé. En el sueño, vio que su niño había muerto. Despertó a su esposo y le contó la experiencia. Él dijo que era un sueño sin sentido que debía olvidar. El apaciguado clima que había en el momento no inquietó a la mujer, pero, aun así, trajo el bebé a la cama con ella. Dos horas después, exactamente en el momento especificado en el sueño, la araña de luces cayó donde había estado la cabeza del niño. Ella salvó la vida del bebé gracias a que actuó de acuerdo a su premonición.[22]

Parece que las personas pueden evitar intuitivamente desastres sin saber que están haciéndolo. Un investigador norteamericano, William E. Cox, examinó veintiocho accidentes ferroviarios graves. Descubrió que el número de pasajeros que viajaron en tren los días de los accidentes, fue significativamente menor que en el mismo día en anteriores semanas. Las personas se quedaron dormidas, decidieron no ir a trabajar, se sintieron enfermas o por otra razón prefirieron no viajar ese día en particular.[23]

Esta hipótesis parece explicar la experiencia de Sir Alec Guinness, el famoso actor. Mientras trabajaba en una obra en Londres, asistía a misa el domingo en la mañana antes de regresar a su casa de campo en el tren de las 9:50 a.m. Él era madrugador, pero para asegurar la ida a misa, siempre utilizaba dos despertadores. En una ocasión se quedó dormido, y luego interpretó mal la hora en que despertó. Sólo en la iglesia se dio cuenta de que estaba asistiendo a la misa de las 9:00 a.m., y no alcanzaría a tomar su usual tren para regresar a casa. Cuando llegó a la estación para reservar un pasaje en un tren que salía más tarde, se enteró de que el tren que usualmente abordaba se había descarrilado. Luego descubrió que el vagón delantero, donde siempre se sentaba, se había volcado, y varios de sus ocupantes fueron llevados al hospital.[24]

Esta sección estaría incompleta sin mencionar al hombre que es posiblemente el más grande vidente de todos los tiempos, Michel de Nostredame, mejor conocido como Nostradamus (1503–1566). Muchas personas me han dicho que sus predicciones están escritas de tal forma que podrían tener diferentes significados. En realidad, esto fue necesario. Predecir acontecimientos futuros era una ocupación peligrosa, y Nostradamus se vio forzado a escribirlas de tal modo que sólo unos pocos conocedores las entendieran. Uno de sus aciertos de menor importancia siempre me ha encantado. En una ocasión él se encontraba en un castillo en Lorraine, propiedad del señor de Florinville, un hombre que no creía que alguien pudiera predecir el futuro. Para probarlo, llevó a Nostradamus a ver dos cerdos, uno blanco y uno negro, y le pidió que les predijera su futuro. "Usted comerá del negro, y un lobo se comerá el blanco", dijo Nostradamus. El señor estaba resuelto a demostrar que el vidente se equivocaba. Le dijo a su cocinero que matara el lechón blanco y lo sirviera en la cena esa noche. El cerdo fue matado, cocinado y dejado en una mesa para ser aliñado. Mientras el cocinero se encontraba fuera de la habitación, un lobo cachorro que algunos de los sirvientes habían estado tratando de domesticar, entró a la cocina y se lo comió. Por consiguiente, el cocinero mató el lechón negro y lo sirvió para la cena. Mientras disfrutaban la comida, el señor sintió gran placer al decirle a Nostradamus que su predicción era incorrecta, y que estaban comiéndose el cerdo negro. El cocinero fue llamado, y dijo que, en realidad, Nostradamus tenía razón.[25] En la actualidad las profecías de este hombre siguen siendo dignas de un cuidadoso estudio. Cien años antes que William Lilly, Nostradamus predijo la gran peste y el incendio de Londres, y cuatrocientos años antes que Jeane Dixon, pronosticó la muerte del presidente Kennedy.[26]

Desarrollo de la capacidad precognitiva

Como ha visto, las premoniciones pueden ocurrirle a cualquiera. No tenemos que ser Nostradamus o Juana de Arco para recibir mensajes precognitivos. En realidad, a lo largo de su vida probablemente ha recibido cientos o miles de premoniciones en los sueños. La mayoría habrían sido predicciones menores, pero si las hubiera escrito en el momento, las habría podido verificar cuando ocurrieron.

El sueño premonitorio de Abraham Lincoln sobre su muerte es bien conocido. Él comentó a su esposa y a un amigo, Ward H. Lamon, un extraño sueño que había tenido, en el cual oyó sonidos de lamento y llanto. En su sueño, Lincoln iba de habitación en habitación en la Casa Blanca, hasta que entró al ala Este. Aquí "hallé una sorpresa perturbadora. Frente a mí había un catafalco sobre el cual yacía un cadáver envuelto en vestiduras fúnebres. Alrededor de él estaban unos soldados que actuaban como guardias, y había una multitud de personas, algunas mirando el cadáver con tristeza".[27] La cara del cadáver estaba tapada, y Lincoln preguntó quién era. Le dijeron que el presidente había sido asesinado por una persona. Una semana después, el 14 de abril de 1865, el sueño se hizo realidad cuando Abraham Lincoln fue asesinado por John Wilkes Booth.

Samuel Clemens, conocido mundialmente como el famoso autor Mark Twain, tuvo un sueño en el que moría su hermano Henry, quien trabajaba en el mismo buque de vapor del río Mississipi donde él estaba. En el sueño, Henry estaba acostado en un ataúd metálico. Sobre su pecho había un ramo de flores blancas, con una rosa roja en el centro. Clemens comentó la experiencia a su hermana cuando despertó, pero luego lo consideró como un sueño extraño pero absurdo. Cuando regresó a su barco, encontró que había sido trasladado a otro buque de vapor. Se despidió de Henry, y los dos hermanos quedaron en reunirse en Menfis. El barco de Henry, el Pennsylvania, salió un día antes que el A. T. Lacey, el buque al que Clemens había sido trasladado. Cuando llegaron a Menfis, se enteraron de que el Pennsylvania había estallado en llamas cuando se acercaba a la ciudad. Clemens halló a su hermano mal herido en un hospital temporal. Permaneció junto a la cama de Henry cuatro días y sus noches, hasta que su hermano murió. Cuando llegó a la funeraria, la encontró llena de cuerpos de otras víctimas. Henry era el único que estaba en un ataúd metálico. Éste, le dijeron a Clemens, era un obsequio de las mujeres de Menfis que admiraban la juventud y el buen aspecto de Henry. Cuando Clemens miró a su hermano, una mujer se acercó al ataúd y puso un ramo de flores blancas, con una sola rosa roja en el centro, sobre el pecho del difunto.

La mayoría de premoniciones que se presentan en forma de sueños, están relacionadas con un desastre de algún tipo. Sin embargo, en los sueños también pueden aparecer buenas noticias. El fallecido Sir Ernest Wallis Budge (1857–1934) fue una autoridad mundial en lenguas antiguas, y durante treinta años se desempeñó como encargado del departamento de antigüedades egipcias en el Museo Británico. Muchos de sus libros se publican actualmente. Él considera a un sueño afortunado el punto fundamental de toda su vida. Mientras estudiaba en la Universidad de Cambridge, Budge entró a un concurso de lenguas orientales. El premio era una beca que le permitiría continuar sus estudios. Budge estaba desesperado por ganar el concurso. La noche anterior al examen se esforzó estudiando hasta tal grado, que se acostó agotado mental y físicamente. Soñó que estaba presentado el examen en un cobertizo, en lugar de un salón. Un profesor trajo las preguntas, que estaban escritas en largas tiras de papel verde que mostraba en un sobre en su bolsillo. Algunas de ellas contenían textos que debían ser traducidos. Budge pudo ver que las preguntas en sí eran fáciles de responder para él, pero los textos estaban escritos en la poco conocida lengua acadia. En el sueño, Budge entró en pánico, pensando que no podría traducir el texto. Esto lo despertó. Se recostó de nuevo para dormir, y tuvo el mismo sueño. Al final de éste, él despertó, se recostó para dormir, y otra vez soñó lo mismo. Después del tercer sueño, Budge observó el reloj junto a su cama, y encontró que fue justo después de las 2 a.m. Pensó en el sueño y recordó que los textos que debía traducir estaban en un libro que tenía en su estudio. Se levantó y estudió los textos hasta que fue hora de salir para presentar el examen.

Budge llegó temprano, pero el salón del examen estaba lleno. Fue llevado a un pequeño salón que lucía exactamente como un cobertizo. Éste tenía un asiento y una mesa, lo mismo que había visto en el sueño. Gracias a que estudió los textos que debían ser traducidos varias horas antes del examen, Budge ganó el concurso y pudo emprender la carrera por la que había estado luchando tantos años.[28]

Los sueños de Abraham Lincoln y Mark Twain son bien conocidos y recordados, no sólo porque ellos eran famosos, sino porque ambos lo comunicaron a otros antes de la tragedia. E. A. Wallis Budge no comentó su sueño a otras personas hasta después del evento. Los sueños precognitivos no son exclusivos de gente famosa. Parece que todos los tenemos.

En 1927, J. W. Dunne escribió un libro llamado *An Experiment With Time*, que describía varios de sus propios sueños precognitivos.[29] Él creía que la vida era similar a una película pasando por un proyector. Hizo la hipótesis de que en nuestros sueños podemos avanzar para ver lo que está en la cinta de la película antes de que sea proyectada. El aspecto más emocionante de este libro para sus lectores, era que los sueños de Dunne contenían predicciones cotidianas. La mayoría de sus sueños mostraban predicciones de lo que le sucedería el día siguiente. Incluían impresiones asombrosamente precisas de lo que iba o ocurrir, pero al mismo tiempo estaban llenas de errores y distorsiones. Dunne creía que todos tenemos sueños precognitivos, pero que los olvidamos tan pronto como despertamos. Su consejo era mantener junto a la cama lápiz y papel, y escribir todo lo que se pueda recordar al despertar.

Esta sugerencia sigue siendo tan buena como lo era en 1927, aunque actualmente muchas personas prefieren registrar sus sueños en una grabadora. Todos tenemos sueños, pero usualmente desaparecen de nuestra memoria cuando despertamos. Si usted encuentra difícil recordarlos, permanezca quieto en la cama por unos minutos, y vea lo que llega a su mente. Tal vez encuentre mejor hacer experimentos de esta clase el fin de semana, o en cualquier otro día en que no deba levantarse de inmediato de la cama al despertarse. Una vez que adquiera el hábito de poner por escrito sus sueños, rápidamente descubrirá cuántos de ellos predicen aspectos del futuro. También averiguará qué tanto tiempo toman, en promedio, para ser cumplidos. Los sueños de advertencia, por ejemplo, pueden parecer estar asociados con el futuro inmediato, pero tal vez se relacionan con algo que sucederá meses después. Llevar registros de sus sueños le permitirá calcular el tiempo de los sueños precognitivos con mucha más precisión.

Retrocognición

La retrocognición es la capacidad de adivinar eventos pasados que no están en la memoria. El relato más extraordinario de retrocognición que he encontrado, involucró dos profesoras de Oxford, Annie Moberly y Eleanor Jourdain. Cuando ellas visitaron Versalles, fueron de repente transportadas al siglo XVIII, y experimentaron las visiones, sonidos y personas que estaban ahí en la época de María Antonieta y el rey Luis XVI. Las personas que encontraron —jardineros, aldeanos, nobles y mujeres— usaban la ropa de ese tiempo, y hablaban un francés arcaico. Incluso vieron construcciones de la época, pero que habían sido demolidas después. Las dos mujeres dijeron que se habían sentido nerviosas y preocupadas mientras tuvieron esta extraña experiencia. Publicaron el relato de lo sucedido en *An Adventure in 1911*, usando los seudónimos de Señorita Morison y Señorita Lamont. Muchas personas estaban escépticas de su historia, pero detalles adicionales acerca de Versalles en 1770 han salido a la luz desde que ellas escribieron el libro, y hasta ahora sus experiencias han resultado correctas en todos los aspectos.[30]

Usted usa la retrocognición todo el tiempo, pero quizás cree que es sólo una función de su memoria. Piense en una ocasión en la que por accidente se encontró con alguien que no había visto durante mucho tiempo. No recuerda su nombre, así que mentalmente piensa en dónde lo vio la última vez. Podría haber sido en un restaurante o su lugar de trabajo. Al hacerlo, varios vínculos llegan a su mente para ayudarlo a recordar el nombre de la persona. Sólo se requiere una conexión, pero usted puede haber imaginado varias de ellas antes de que de repente aparezca el nombre en su mente.

Usted está usando su imaginación para revivir escenas de su pasado. Tal vez no todas ellas han sucedido. Podría estar visualizando a esta persona en un entorno conocido, en un intento por adivinar su nombre. Por consiguiente, está creando un recuerdo psíquico del pasado, y esto se conoce como retrocognición.

Hace poco tuve un ejemplo de lo anterior. Estaba dando una charla en un club rotario, y por casualidad observé en el auditorio a alguien que conocía. No lo había visto en muchos años, y no tenía idea de que él pertenecía a este club. Mientras continuaba con la charla, seguí tratando de recordar su nombre. Comencé en la dirección equivocada intentando verlo en el trabajo. Esto no produjo vínculos. Luego me pregunté si él había asistido a una de mis clases de desarrollo psíquico. De nuevo, nada surgió en mi mente. Me pregunté si había sido uno de mis clientes de hipnoterapia, pero no encontré relación. Pensé en otras posibilidades, y luego me pregunté si lo había conocido en un evento social. En seguida, el vínculo fue evidente. Hace unos veinte años, un vecino había realizado una fiesta y yo conocí a este hombre en ese lugar. Tan pronto como recordé eso, supe su nombre y pude saludarlo apropiadamente cuando terminé la charla.

Podemos usar la misma técnica para entrever el futuro. La precognición, como usted ya sabe, es una visión psíquica del futuro. En lugar de mirar hacia atrás y recordar hechos olvidados, nos proyectamos hacia adelante, reemplazando el recuerdo con visión.

Podemos hacer esto para cualquier situación. Suponga que está planeando una comida, y no sabe si una determinada pareja congeniará con los otros invitados. Siéntese, cierre los ojos y proyéctese a la noche de la cena. Véase sentado en la mesa del comedor con sus invitados, e imagine lo que sucede. Es probable que experimente trozos de conversación, y sin duda percibirá el ambiente de la noche. Como resultado de este ejercicio, podrá tomar una decisión en cuanto a si invita o no a esa pareja.

Con algo de menor importancia, como una cena, las impresiones pueden no ser fuertes. Sin embargo, si el asunto es importante, las impresiones que recibirá serán intensas. Tal vez ha tenido una situación en que fue advertido de un peligro inminente. Obviamente, en este caso, la impresión es muy fuerte.

Tengo un recuerdo de hace como unos veinte años cuando salí a dar un paseo nocturno alrededor de Suva, la capital de Fiji. Había visitado la ciudad muchas veces, y siempre me sentí seguro ahí. Mientras caminaba, un fijiano musculoso salió en medio de la oscuridad y siguió al lado mío. Era un buen conversador, y un rato después me di cuenta de que me estaba llevando a un sector pobre de la ciudad que yo no había visitado antes. Tuve un repentino presentimiento. Me despedí del hombre, y rápidamente me volví sobre mis pasos. Cuando regresé al hotel, me pregunté si había sido demasiado prevenido. Sin embargo, al día siguiente oí que otro turista había sido golpeado y robado una hora después de mi apresurada retirada. En este caso, no esperé a recibir una imagen mental de lo que podría suceder. La sensación de peligro inminente fue tan intensa, que de inmediato actué de acuerdo a ella.

Desarrollo de la capacidad precognitiva

Este es un ejercicio que puede hacer en cualquier momento. Como ya sabe, muchas personas tienen sueños predictivos. Esto es debido a que el cuerpo está relajado, la mente consciente en reposo, y la mente subconsciente puede recibir mensajes de la mente universal. Este ejercicio le permitirá alcanzar este estado mientras se encuentra despierto.

Asegúrese de que no será interrumpido al menos por treinta minutos. Siéntese, cierre los ojos y permita que su mente retroceda hasta que recuerde un suceso de su pasado. No importa cuándo ocurrió este evento. Podría ser ayer, la semana pasada o hace treinta años. Recuérdelo lo más claramente posible. Quizás deberá usar la imaginación para crear algunos de los detalles, pero trate de visualizar la situación exactamente como fue.

Una vez que haya imaginado esta escena, avance en el tiempo para que visualice una situación de su futuro. Podría ver algo que ocurrirá uno o dos días después, o tal vez varios años adelante. Es mejor que empiece viendo los días siguientes, pues podrá confirmar su precisión casi de inmediato. A medida que gane más confianza y experiencia, podrá visualizar escenas más lejanas en el futuro. Obviamente, estará usando su imaginación, pero las situaciones que verá se basan en lo que ya sabe. Esta técnica emplea todo el conocimiento que ha acumulado en esta vida, y lo proyecta en el futuro. La práctica es necesaria para desarrollar la capacidad de ver el futuro. Su porcentaje de éxito aumentará a medida que adquiera confianza y destreza.

Habrá ocasiones en las que no estará satisfecho con lo que ve. Pero, podemos cambiar nuestro futuro. Empiece con el presente y vea los cambios que puede hacer ahora mismo para alterar el proceso natural de lo que ocurriría. Esto puede ser muy útil para ver el futuro a fin de asegurar que está atrayendo todas las cosas buenas de la vida.

Hace treinta años experimenté un notable ejemplo de lo anterior. Un hombre joven acudió a mí para que le hiciera una lectura palmar. En su línea de la vida observé varios cuadrados pequeños. El tipo de cuadrado indicaba varios períodos de confinamiento. Era una fuerte indicación de que estaría en prisión durante gran parte de su vida futura. Le dije lo que significaban los cuadrados, y sugerí que cambiara su forma de vida. Cuando regresó varios meses después para otra lectura, los cuadrados habían desaparecido. Este hombre había pensado en su vida, cambiado su conducta y transformado toda su existencia futura.[31]

Este es un gran beneficio que tendrá al ver su futuro. Observará que cambian muchos aspectos de su vida al empezar a usar la capacidad precognitiva regularmente. Sentirá que tiene más control y una idea clara del camino que sigue. Es un milagro poder controlar y dirigir nuestra vida de esta forma. Sin embargo, el verdadero milagro es que muchas personas no utilizan esta capacidad natural para mejorar sus vidas.

SEIS

El milagro de la magia

CUANDO USAMOS LOS métodos de los kahunas, y actuamos siguiendo nuestra intuición, estamos usando una forma de magia. La magia es por lo general considerada como una serie de acciones que permite que quien la hace emplee los poderes místicos del universo para obtener lo que se desea. Podría ser descrita como fijar una meta, y luego desarrollar ciertas acciones para simbolizar su realización. Es un acto de creación que permite que nuestros sueños se hagan realidad. En ese sentido, es un milagro.

Objetos sagrados, talismanes y hechizos pueden estar involucrados en el proceso de la magia y, por lo tanto, algunos creen que es negativa. La magia negra puede ser usada para causar daño, pero la magia blanca se emplea sólo para buenos propósitos. Esta magia es la que veremos aquí.

La magia ha sido definida de muchas formas. Aleister Crowley, el conocido ocultista y autor del siglo XX, definió la magia como "la ciencia y el arte de causar un cambio que ocurra en conformidad con lo deseado".[1] Florence Farr, una figura importante en la orden del Golden Dawn, escribió: "la magia consiste en quitar las limitaciones de lo que creemos que son las leyes terrenales y espirituales que nos atan o compelen. Podemos ser cualquier cosa porque somos todo".[2] Podemos decir que la magia consiste en atraer lo que queremos; la capacidad de hacer lo que consistentemente es desde luego milagroso, pero se encuentra dentro de los límites de posibilidad para cualquiera que esté preparado para trabajar con dedicación por lograr lo deseado. Quien puede controlar su vida, y dirigirla hacia metas específicas, es un mago.

La magia usa los niveles más profundos de la mente inconsciente para llevar a cabo cambios en el mundo material. En ella no hay nada extraño, maligno, demoníaco o sobrenatural. El mago es alguien que sabe cómo aprovechar las leyes de la naturaleza, y dirigirlas por medio del poder de su voluntad. De vez en cuando todos hacemos esto inconscientemente. Si usted ha fijado metas que después alcanzó, ha hecho magia exitosamente. Cuando decida hacer esto conscientemente, estará dando los primeros pasos para convertirse en mago.

La magia se remonta a la prehistoria de la humanidad, cuando la gente bailaba, cantaba y desarrollaba ceremonias con el propósito de influenciar la naturaleza. Se hacían rituales para desviar rayos y truenos, asegurar la fertilidad, permitir que los cazadores capturen su presa, y apaciguar a los dioses. En realidad, tanto la magia como la religión tenían que ver con los efectos de fuerzas externas sobre los seres humanos, de las que han estado inextricablemente conectadas desde el comienzo.

Los antiguos egipcios combinaban la religión y la magia, usando palabras mágicas, amuletos y talismanes para ayudar a sus seguidores a continuar su camino en la otra vida. Hay muchos textos egipcios y mesopotámicos que contienen hechizos mágicos de diversos propósitos, desde asegurar una buena cosecha hasta invocar los espíritus de los muertos.

Los cultos esotéricos griegos incluían la magia en sus rituales, y papiros conservados de los primeros cuatro siglos de nuestra era, contienen instrucciones detalladas sobre las purificaciones y preparaciones necesarias para lograr buenos resultados.

Los romanos también se interesaron mucho en la magia, y la usaron para propósitos personales, tales como asegurar la victoria en deportes, negocios y amor.

La magia siguió siendo parte de la cultura popular, pero casi desapareció hasta la Edad Media. En 1320, una bula papal definió la magia como herejía. La iglesia creía que la magia tenía que ver con hacer pactos con el diablo y sus demonios. Como resultado de esto, la Inquisición acusó a muchas personas de participar en misas negras y aquelarres.

Sin embargo, la magia, como parte de la tradición alquímica, continuó en silencio, y los magos, tales como Cornelio Agripa y John Dee, pudieron seguir sus carreras con poca interferencia por parte de la iglesia y el estado. La gente común aceptaba la magia y los magos, y consultaba a estas personas especiales cuando era necesario. En 1552, el obispo Hugh Latimer (circa 1485–1555) escribió: "una gran cantidad de nosotros, cuando tenemos problemas, estamos enfermos, o perdemos algo, corremos de un lado a otro buscando brujos, o hechiceros, a quienes llamamos magos . . . para encontrar ayuda y consuelo en sus manos".3 Robert Burton, escribió en su clásico libro *Anatomy of Melancholy*: "los hechiceros son muy comunes; hombres astutos, magos y brujos blancos, como los llaman, en todas las aldeas, que, si son buscados, ayudarán en casi todas las enfermedades del cuerpo y la mente".4

El siglo XIX cambió la actitud popular respecto a la magia, y fue considerada como una práctica supersticiosa desarrollada por gente primitiva. En los últimos cien años ha habido un resurgimiento del interés por el tema, y en la actualidad más personas que nunca antes están estudiando y practicando la magia.

Iniciarse en la magia

La magia tiene la capacidad de cambiar nuestra vida en forma favorable. Esto significa tener el control de ella para alcanzar metas específicas. Podemos desear casi todas las cosas, siempre y cuando no perjudiquemos a nadie ni violemos los derechos de otras personas. Pero debemos ser realistas. Si usted tiene cuarenta y cinco años de edad, está pasado de peso y no sabe nadar, es probable que nunca represente a su país en un campeonato de natación. No obstante, si es un adolescente, en buena forma física, y ya es un buen nadador, podría usar la magia como ayuda para alcanzar sus metas en este deporte.

Igualmente, puede usar la magia como ayuda para encontrar el amor. Sin embargo, no debe emplearla para impulsar a que determinada persona se enamore de usted. Esto podría satisfacer sus deseos, pero a la vez ser todo lo contrario de lo que quiere la otra persona. La magia de ese tipo es magia negra, y la mayoría de quienes la practican pagan un alto precio por su locura. Dion Fortune (1891–1946), el famoso ocultista y autor, escribió: "cualquier intento de dominar a otros, o de algún modo manipular sus mentes sin consentimiento, es una invasión injustificable de su libre albedrío y un crimen contra la integridad del alma".5 Por consiguiente, cuando use la magia para atraer amor, debe transmitir el mensaje al universo de que está buscando un tipo particular de persona. Puede ser todo lo específico que quiera, pero no puede especificar a una persona determinada. Además de ser perjudicial, también es limitante. Practicando la magia éticamente, podría atraer a alguien mucho mejor que la persona que anhela en ese momento.

La magia funciona empleando la mente consciente y la inconsciente. Con la magia, creamos un deseo y luego lo transmitimos a la mente inconsciente, que actúa sobre él y lo hace realidad. Como podemos ver, los métodos usados por los kahunas son una forma de magia.

Tal vez se pregunte por qué la mente inconsciente actuaría sobre un deseo que le es transmitido. Tenemos decenas de miles de pensamientos cada día, de los cuales la mayoría son ignorados por la mente inconsciente. Con la magia, enviamos conscientemente el deseo a la mente inconsciente con toda la energía que podemos acumular. Ésta es creada por el desarrollo del ritual mágico. También ocurre lo contrario. Cuando estamos dormidos, la mente consciente se encuentra en reposo, pero la inconsciente sigue activa y nos transmite pensamientos e ideas en los sueños. Lo mismo sucede con la meditación y la autohipnosis. Cualquier presentimiento, sensación o percepción repentina que tenemos en la vida cotidiana, es un ejemplo de información que ha sido enviada a la mente consciente por el inconsciente, que actúa a todo momento para nosotros. Por lo general la transferencia de información fluye sólo en una dirección, pero con la magia podemos invertir el sentido para lograr los objetivos y sueños.

Encontrar el ambiente de trabajo apropiado

Necesitará un lugar privado para hacer su magia. El sitio ideal sería una habitación destinada para dicho propósito, pero este es un lujo que pocos se pueden dar. Una mesa o un banco puede convertirse en un altar temporal, y los objetos sagrados, tales como las velas e imágenes, pueden ser expuestos y usados mientras se hace el trabajo mágico. Yo disfruto trabajar al aire libre durante los meses de verano, pero también tengo un espacio sagrado en casa que uso cuando hace mucho viento, llueve o la temperatura es muy baja.

Necesitará una brújula para determinar las cuatro direcciones cardinales. Antes de iniciar su trabajo mágico, puede rociar una pequeña cantidad de agua salada en estas direcciones para purificar el espacio.

En lo posible, tome un baño o ducha antes de comenzar cualquier trabajo mágico. También necesitará ropa cómoda y floja. Sería ideal una toga hecha de fibras naturales que sea usada sólo para hacer magia. Muchas personas prefieren trabajar desnudas. Despojándose de la ropa, se quitan simbólicamente todas las preocupaciones y tensiones de la vida cotidiana.

Prepararse para comenzar

Debe estar relajado para obtener los máximos beneficios de su trabajo mágico. Me gusta hacer ejercicios sencillos de estiramiento antes de empezar. Luego me siento con comodidad y tomo varias respiraciones lentas y profundas. Inhalo hasta la cuenta de cinco, sostengo la respiración contando otra vez hasta cinco, y luego exhalo a la misma cuenta.

Finalmente, cierro los ojos y relajo todos los músculos de mi cuerpo, comenzando con los pies, y luego avanzando hasta llegar a la coronilla. Después, examino mentalmente mi cuerpo para asegurar que está relajado. Me concentro en áreas que aún están tensas, hasta que la tensión es liberada. Cuando me siento relajado por completo abro los ojos y estoy listo para empezar.

Iniciación de la magia

Me preparo para comenzar de la misma forma todas las veces. Debido a esto, me relajo por completo casi tan pronto como inicio las cinco respiraciones profundas. Empezar del mismo modo todas las veces es reconfortante y familiar, y también ayuda a prepararme mentalmente para lo que sigue.

Una vez que usted esté relajado, puede seguir el ritual en la dirección que quiera. Si no tiene en mente un objetivo específico, use este tiempo para meditación y contemplación. Es probable que tenga muchas percepciones intuitivas útiles como resultado de esto. Como alternativa, podría hacer una visualización guiada, una curación ausente en alguien, o un hechizo.

Meditación

El propósito de la meditación es aquietar la mente y el espíritu, creando un estado de serenidad y separación. Una vez que logre dicho estado, estará listo para recibir mensajes de su mente inconsciente. No es tan fácil como parece, y he encontrado muchas personas convencidas de que no pueden meditar. Pero esto no es cierto; es una capacidad que todos podemos desarrollar, pero requiere práctica.

Póngase lo más cómodo posible. Cierre los ojos y tome varias respiraciones lentas y profundas, sosteniendo cada una durante uno o dos segundos antes de exhalar lentamente. Respire por la nariz, y sienta la respiración entrando y saliendo a través de las fosas nasales.

Quizás se distraerá con facilidad, especialmente cuando inicie esta práctica. Cada vez que vea que sus pensamientos se han alejado de la meditación, recupérelos concentrándose en la respiración. Es posible que esto ocurra con frecuencia cuando se inicie en la meditación, pero luego de algunas semanas y la práctica diaria se le hará sencillo entrar en un estado meditativo.

Si usted es como la mayoría de personas, sentirá comezón en diferentes partes del cuerpo. Ignórelo si puede. Si necesita rascarse la picazón, hágalo, pero retorne de inmediato a la meditación. Luego de un rato podría sentirse incómodo. De nuevo, ignore esto si es posible, pero cambie de posición si debe hacerlo.

Descubrirá que meditar con regularidad ayuda a abrir los canales entre la mente consciente y la inconsciente, y una variedad de ideas y símbolos se le presentarán mientras se encuentra en tal estado. Trate de no evaluarlos cuando esté meditando. Déjelos grabados en su mente para pensar en ellos después.

Considero fácil entrar en estado meditativo cuando estoy afuera caminando. No estoy seguro de si esto se debe a que camino todos los días, y lo encuentro vigorizante, renovador y bueno para mi cuerpo y alma, o es debido a que empleo el tiempo de caminar para pensar en diversas cosas que están sucediendo en mi vida. Concéntrese en su respiración, y empiece a caminar con pasos lentos y regulares. Rato después se encontrará en el estado meditativo. La parte más difícil de todo el proceso es ignorar las distracciones que pueden impedirle entrar en meditación.

Otro método preferido que uso con frecuencia es la meditación con vela. Todo lo que se necesita es una vela. Siempre tengo una variedad de colores para escoger, y en ocasiones elijo un determinado color. Otras veces, la vela parece escogerme, y selecciono una de un color particular sin elegirla conscientemente. Si estoy indeciso respecto al color, uso una vela blanca. En magia con velas, el blanco puede ser utilizado en cualquier momento y para cualquier propósito.

Coloque la vela en un candelero sobre su altar, y enciéndala. Siéntese en una silla cómoda ubicada a varios pies de distancia. Debe poder ver fijamente la vela sin levantar o bajar la cabeza. Tome algunas respiraciones profundas mientras observa la danzante llama, y relaje su cuerpo. Concéntrese en el aire que entra y sale por las ventanas de la nariz mientras continúa mirando la llama. Cierre los ojos en cualquier momento, si siente la necesidad de hacerlo. Gradualmente, se encontrará entrando en un estado alterado en el que ideas, percepciones e intuiciones fluirán a su mente consciente.

Cuando desee finalizar la meditación, tome tres respiraciones lentas y profundas, estírese, y piense en lo que experimentó mientras desarrollaba la meditación. Cuando esté listo, levántese y apague la vela.

Un método alternativo es sentarse en frente de la llama durante unos minutos, observando sus formas y colores cambiantes. Cierre los ojos y trate de captar la imagen de la vela en su mente. Retenga esa imagen todo el tiempo que pueda. Cuando se disipe, siga receptivo a cualquier percepción que se presente.

El asombroso péndulo

El péndulo es una herramienta útil que puede emplearse de muchas maneras. En su forma más básica, es un pequeño peso atado a un hilo. Mi madre solía usar como péndulo su anillo de boda suspendido en un hilo. Tengo un gran surtido de péndulos, pues mis hijos me compran regularmente objetos pequeños, atados a cadenas, como regalos de cumpleaños y Navidad. También tengo varios péndulos que he conseguido en tiendas de la Nueva Era. Experimente con diferentes tipos. Un péndulo bueno debe ser atractivo a la vista, fácil de usar, y con un peso de unas tres onzas.

Sostenga el hilo del péndulo entre los dedos pulgar e índice de la mano derecha. Use la mano izquierda si es zurdo. Apoye el codo sobre una mesa, y ubique la mano de tal forma que el peso del péndulo se balancee libremente unas pulgadas por encima de la superficie de la mesa.

Pare los movimientos del péndulo con la mano libre. Pregúntele al péndulo cuál movimiento indica "sí". Él hará uno de los cuatro movimientos. Podría balancearse de lado a lado, o de atrás hacia adelante. También podría hacer un movimiento circular, en el sentido de las manecillas del reloj o al contrario. Sea paciente. Si no ha usado un péndulo antes, puede tomar uno o dos minutos para empezar a moverse. Cuando descubra qué dirección indica una respuesta positiva, detenga los movimientos y pregunte cuál dirección indica "no". Una vez que determine esto, puede pedirle que le diga qué movimientos significan "no sé" y "no quiero responder".

Cuando haya establecido el significado de cada movimiento, puede empezar a practicar. Pregúntele al péndulo si usted es hombre. Si lo es, el péndulo debe darle una respuesta positiva. Pregunte si tiene, por ejemplo, treinta y dos años de edad. El péndulo se moverá para estar de acuerdo o discrepar.

Una vez recibidas las respuestas correctas a preguntas que ya sabe, puede seguir con el siguiente paso y hacerle preguntas que le causan curiosidad. Podría preguntar, "¿estoy haciendo suficiente ejercicio?" o "¿debería hacer ese viaje a Disneylandia?". El péndulo es fácil de usar, pero se requiere práctica para emplearlo bien. Experimente todo lo posible, pero no tome tan a pecho las respuestas que recibe hasta que se sienta totalmente cómodo con el péndulo.

El péndulo es una herramienta muy útil en la magia. Si desea lograr un determinado objetivo, puede hacerle preguntas al respecto. Podría preguntar si su crecimiento espiritual sería estimulado buscando un resultado particular. Podría preguntar si cierta meta es realista. ¿Sería beneficiosa para usted si la logra? ¿Está mirando muy alto? ¿Hay consecuencias imprevistas? ¿Todos se beneficiarán si alcanza esta meta?

Puede preguntarle al péndulo cualquier cosa. Sin embargo, debe tener en cuenta que, consciente o subconscientemente, podría influenciar los movimientos del péndulo. Si tiene un interés creado en el resultado, el péndulo le dará la respuesta que desea, en lugar de la correcta. Mi madre siempre hacía un péndulo con su anillo de boda cuando una mujer de la familia quedaba embarazada, y preguntaba si el bebé sería niño o niña. La mayoría de veces recibía la respuesta correcta. Sin embargo, en ocasiones, cuando ella esperaba que fuera una niña, por ejemplo, el péndulo indicaba ese resultado, en lugar del verdadero sexo que resultaba tener el bebé.

El péndulo es un instrumento de la radiestesia. La mayoría de personas consideran la radiestesia como un método para localizar agua subterránea, pero, en realidad, puede emplearse para adivinar a distancia la ubicación de casi cualquier cosa. Jacques Aymar incluso usó una vara ahorquillada, conocida como vara buscadora, para localizar un asesino. Cuando cumplió veintinueve años de edad en 1692, Jacques Aymar ya era conocido localmente como radiestesista. Cuando localizó exitosamente a uno de los asesinos de un comerciante de vinos y su esposa, su nombre se hizo famoso en toda Europa. El asesinato fue horrible, y los gendarmes no hallaron pistas en la bodega donde ocurrieron los hechos. Aymar ya había localizado varios criminales, y el procurador del rey lo llamó para ver si podía adivinar pistas.

Aymar usó su vara buscadora ahorquillada para informarle a los gendarmes dónde había sucedido el homicidio. Luego caminó por las calles, seguido por una multitud de espectadores interesados. Su camino lo llevó a una de las entradas de la ciudad que había sido cerrada durante la noche, y la búsqueda debió ser aplazada hasta la mañana siguiente.

Al otro día, Aymar y tres gendarmes siguieron por un río hasta que hallaron una pequeña cabaña de hortelano. La vara de Aymar reaccionó fuertemente a una botella de vino vacía y tres sillas. Seguro de sí mismo les dijo a los gendarmes que estaban buscando tres hombres que se habían detenido ahí el tiempo suficiente para tomarse una botella de vino. Esto fue confirmado por los dos pequeños hijos del hortelano.

La búsqueda continuó hasta que llegaron a una prisión en la ciudad de Beaucaire. Trece presos recién arrestados fueron puestos en fila, y la vara de Aymar reaccionó a uno de ellos, un jorobado que había sido capturado sólo una hora antes. Aymar les dijo a los gendarmes que este hombre había tenido un papel menor en los asesinatos.

El sujeto negó saber algo respecto al crimen, pero confesó cuando fue reconocido por personas que regresaban de Lyon. Él era un sirviente de los dos hombres que cometieron los homicidios, y había sido empleado para cargar la plata y el oro que les robaron a las víctimas.

El procurador quedó satisfecho con este éxito y lo comisionó para encontrar los verdaderos criminales. Aymar y un grupo de arqueros siguieron el rastro hasta el puerto de Toulon, a donde llegaron demasiado tarde. Los dos asesinos se habían ido a Génova, Italia, el día anterior.[6]

Visualización guiada

Las visualizaciones guiadas son una forma efectiva de explorar la naturaleza interior, y ver lo que será nuestra vida una vez alcanzado el objetivo deseado. Al soñar despierto, estamos haciendo un tipo de visualización. Sin embargo, la mayoría de personas no ejercen control sobre estos sueños de vigilia, los cuales abarcan una gran serie de cosas que no tienen nada que ver con lo que realmente necesitamos en la vida. Una visualización guiada es, como lo sugiere su nombre, un sueño de vigilia prolongado y dirigido en el que examinamos, sentimos, percibimos y experimentamos todos los aspectos del asunto que estamos explorando.

Hay dos formas de realizarla. La primera es tener en la mente una idea clara en cuanto a dónde queremos llegar, y qué deseamos hacer, al desarrollar la visualización. El segundo método es grabar en un cassette lo que queremos hacer en la sesión. Nos sentamos, relajamos y dejamos que la voz del cassette nos guíe a través de la experiencia.

Hay ventajas y desventajas en ambos métodos. Un cassette puede introducirlo en áreas que desea explorar con mayor profundidad. Debido a que está menos involucrado conscientemente, podría quedarse dormido durante la sesión. Esto puede suceder si el cassette es demasiado largo. Considero que veinte minutos es la duración apropiada de comienzo a fin. (La mayoría de personas hablan de ciento cincuenta palabras por minuto, lo cual significa que si vamos a preparar un texto, no debe tener más de tres mil palabras). La principal ventaja de un texto preparado, es que sabemos por anticipado lo que abarcará. En realidad, podemos asegurar que sea cubierto todo lo que queremos hacer. No hay que preocuparse de olvidar algo que deseamos haber incluido en la sesión. Si usted no ha usado la visualización guiada antes, es mejor que inicie con un texto grabado, y luego experimente con visualizaciones más espontáneas cuando se familiarice con el proceso.

La desventaja de no usar un texto grabado, es que podemos desviar la atención con pensamientos fortuitos, y terminar pensando en toda clase de cosas que no se relacionan con el propósito esencial. La principal ventaja que encuentro en este método es que no tengo que preparar nada de antemano. Decido hacer la visualización guiada cuando quiera, y la hago, sin necesidad de conseguir una grabadora y preparar un cassette.

En la práctica, empleo ambos métodos. A veces hago el ejercicio en cama por la noche. Sin embargo, al menos el cincuenta por ciento del tiempo me quedo dormido antes de iniciar la visualización. Por consiguiente, suelo sacar tiempo en el día para hacerla. Es mejor no acostarse en la cama mientras se desarrolla una visualización, pues es muy probable quedarse dormido. Una silla reclinable es una buena alternativa. Es necesario estar cómodos, pero no demasiado.

Empiece cerrando los ojos y tomando tres respiraciones profundas. Relaje conscientemente todos los músculos de su cuerpo, iniciando en los pies y avanzando poco a poco hasta llegar a la coronilla. Cuando se sienta relajado por completo, examine su cuerpo mentalmente para asegurar que cada parte tenga una relajación total. Concéntrese en áreas que no estén plenamente relajadas. Cuando esté seguro de sentirse relajado, puede comenzar la visualización.

En este estado puede hacer cualquier cosa. Puede reexaminar tiempos difíciles de su vida para ver si los sucesos ya ocurridos están impidiendo lograr sus objetivos. Puede avanzar en el futuro y verse disfrutando una vida llena de alegría y abundancia. Puede viajar a través del tiempo y el espacio, o encontrarse con sus guías espirituales y ángeles guardianes. La visualización puede ser toda una fantasía, si lo desea. Podría explorar un mito favorito, y hacer esto como observador o tomar el papel del personaje principal. Si tiene un problema de cualquier tipo, use una visualización guiada para pasar tiempo con personas famosas del pasado y pedirles sus discernimientos. Podría visitarlas una a la vez, o visualizar una sala con todas estas personas reunidas alrededor de una mesa. No hay límites para lo que puede alcanzar.

Cuando esté listo para retornar a un estado consciente pleno, tome tres respiraciones profundas y cuente lentamente de uno a cinco, abriendo los ojos cuando llegue al último número. Piense en la visualización unos minutos. Podría tomar algunas notas, o pensar más en ciertos asuntos que llegaron a su mente, antes de levantarse y continuar con la rutina diaria.

Ejemplo de texto

Uno de mis estudiantes estaba muy endeudado y preocupado de quedar en quiebra. Josh y su anterior pareja habían abierto un negocio juntos. Cuando éste fracasó, la relación terminó, y tres años después aún estaba luchando por pagar deudas comerciales. También debía desembolsar la cuota de manutención a su ex esposa, quien criaba sus dos hijos. Él trabajaba como almacenista, un empleo que odiaba y pagaba sólo un salario promedio. Hacía poco el arriendo del apartamento en que vivía había subido, y necesitaba conseguir dinero extra, o mudarse a un vecindario menos deseable donde podía pagar una vivienda más barata. Josh necesitaba un milagro.

Después de estudiar la visualización creativa en mi clase de desarrollo psíquico, Josh fue a casa y preparó un texto para él mismo. Lo usó todas las noches durante tres semanas, sin en realidad creer que sería de ayuda. Durante la primera semana no observó cambios en lo absoluto, pero en la segunda se sintió más positivo y optimista de lo que había estado en años. Al comienzo de la tercera semana, sus compañeros de trabajo ya comentaban el hecho de que su estado de ánimo había cambiado. Durante esa semana, asistió al encuentro de un club rotario. Había pertenecido al club años atrás, pero se retiró cuando su negocio fracasó. Todos estaban contentos de verlo, y uno de los asistentes le dijo que estaba iniciando una nueva empresa y quería buen personal. Para el fin de semana Josh había sido entrevistado, y aceptó el trabajo de dirigir la nueva corporación. Su salario inicial era exactamente el doble de lo que estaba ganando como almacenista, y tuvo la opción de comprar acciones en la compañía. Josh consideró esto como un milagro.

No tengo idea de qué texto preparó Josh. Sin embargo, habría sido algo similar al siguiente ejemplo: "Estoy relajándome más y más con cada respiración que tomo. Cada una me sumerge más en una agradable relajación. Disfruto tomar respiraciones lentas y profundas, pues esto me hace relajar cada vez más. Ahora voy a tomar tres respiraciones lentas y profundas, y doblaré mi relajación cada vez que exhale. Ahora tomo la primera, la sostengo. Eso está bien, y ahora exhalo lentamente, doblando la relajación en mi cuerpo. Tomo la segunda respiración profunda. Me siento tan bien, y ahora exhalo lentamente, sintiendo que la relajación se extiende por todo mi cuerpo. Tercera respiración profunda. La sostengo, sostengo, y exhalo lentamente. Me siento tan relajado ahora, y cada respiración que tomo me sumerge en una agradable relajación más profunda".

"Mi pie izquierdo está empezando a relajarse más. Puedo sentir la agradable relajación esparciéndose por todo mi pie izquierdo, y ahora está tan relajado. Ahora mi pie derecho también se está relajando. Se siente maravilloso tener ambos pies totalmente relajados. Ahora dejo fluir la agradable relajación por mi pierna izquierda. Es maravilloso y tranquilizante saber que estoy relajando todo mi cuerpo de esta forma. Y ahora estoy dejando fluir la relajación lentamente por mi pierna derecha, relajando mi tobillo, pantorrilla y rodilla, y ahora los músculos de los muslos se relajan. Mis piernas se sienten totalmente sueltas, flojas y tan relajadas".

"Ahora dejo fluir esa agradable sensación de relajación en mi abdomen. Es muy tranquilizante, y estoy disfrutando esta maravillosa sensación mientras fluye a mi pecho y hombros. Toda la tensión de la vida cotidiana está saliendo de mis hombros, y me siento tan suelto y liviano, y tan, tan relajado".

"Ahora la relajación está bajando por mi brazo izquierdo, hasta las yemas de los dedos. Mi brazo izquierdo se siente suelto y relajado. Ahora la relajación está pasando a mi brazo derecho, permitiendo que la maravillosa sensación llegue hasta las yemas de los dedos".

"Mis brazos, piernas y tronco ahora están sueltos, flojos y relajados. Y ahora, los músculos del cuello también se están relajando. Puedo sentir la maravillosa relajación fluyendo hasta mi cara. Los finos músculos alrededor de mis ojos ahora se están relajando, y siento la suave relajación llegando hasta la coronilla. Todo mi cuerpo está relajado. Me siento como un muñeco de trapo, tan suelto, tan contento, tan, tan relajado".

"Ahora estoy examinando todo mi cuerpo para asegurarme de que cada parte de mí está relajada. No debo tener áreas de tensión. Estoy cómodo, relajado y listo para seguir".

"Lo que necesito más que nada es un milagro. Estoy pidiendo un milagro. He trabajado duro muchos años, y no tengo nada que lo demuestre. Ahora estoy económicamente peor que hace diez años. Soy un trabajador bueno y dedicado. Soy leal, amable y humanitario. Creo que merezco lo mejor que la vida ofrece. Sé que he cometido errores, pero he aprendido de ellos. Me he liberado de la amargura y el resentimiento que solía tener. He perdonado a otros y a mí mismo. Es tiempo de salir adelante de nuevo".

"Estoy trabajando en el desarrollo personal, y mejorando gradualmente en todas las áreas de mi vida, pero ahora tengo grandes presiones financieras que me hacen difícil concentrarme en algo más. Necesito un milagro. Quiero la oportunidad de doblar mis ingresos líquidos. Eso me permitirá seguir en el apartamento que vivo, y continuar con el apoyo económico que doy a mis hijos, a medida que pago mis deudas. Necesito doblar mis ingresos líquidos".

"Estoy preparado para hacer lo necesario a fin de lograr esto. Todo lo que quiero es una oportunidad. Después de eso, depende de mí. Sé que puedo aprovecharla, porque he trabajado duro toda mi vida. Estoy pidiendo una oportunidad para doblar mis ingresos netos. La necesito, la deseo, y estoy preparado para pagar el precio. Pido esta oportunidad. Por favor dámela".

"En mi imaginación, me veo sentado detrás de un escritorio en la oficina de mi nuevo puesto. Veo que es un cargo de prestigio y autoridad. La oficina es bonita, y los muebles son de la mejor calidad. Ahora me levanto, y me dirijo a la sala de recepción. También es acogedora y bien amueblada. Todo parece nuevo. La recepcionista me sonríe mientras paso junto a ella. Las puertas de entrada son grandes, y cuando salgo veo que el edificio está rodeado por hermosos jardines. Es un ambiente laboral maravilloso. Tengo libertad, y me doy cuenta que debo tener un alto cargo administrativo. Al regresar a mi oficina, siento el respeto que recibo de otras personas. Soy consciente de que el trabajo no es fácil, pero es satisfactorio y bueno financieramente. Mi salario es el doble del que recibía antes. Regreso a mi escritorio y reanudo el trabajo. Tengo una sonrisa en mi cara. Estoy feliz por primera vez en mucho tiempo. Disfruto mi nueva posición. Me gustan los retos, y el hecho de que me exijan al máximo. Estoy aprendiendo mucho, y divirtiéndome a granel en el proceso".

"Ahora me veo visitando a Arabella (la ex esposa de Josh) y los niños el fin de semana. Llevo a mis hijos a un juego de beisbol. Después nos sentamos en una playa a comer helado. De improviso, me veo invitando a cenar a Arabella y los niños. Disfrutamos una comida deliciosa en un buen restaurante. Puedo pagar el lujo adicional, y es más satisfactorio al hacerlo con las personas que amo".

"También me veo entrando a la oficina de Joe Malone. Le paso un cheque. Él lo mira asombrado. Me disculpo por haber tardado tanto tiempo en pagar la deuda. Me veo saliendo de su oficina, sin un enorme peso que cargaba. Estoy libre. Todas mis deudas han sido pagadas. Empiezo a vivir de nuevo".

"Repito estas escenas una y otra vez en mi mente. Me agrada mucho saber que todas van a suceder. No ha sido fácil mi lucha, pero ahora veo el camino que me espera".

"Gracias por todas las bendiciones de mi vida. Soy consciente de que, comparado con muchas personas, llevo una buena y cómoda vida. Estoy agradecido por eso, pero necesito mucho más. Quiero la oportunidad de probarme a mí mismo. La quiero para mí, mis seres queridos, las personas a las que les debo dinero, y por la diferencia que hará en mi vida".

"Necesito esta oportunidad para doblar mis ingresos líquidos. Puedo sentirla; sé que la oportunidad está por ahí. La pido ahora".

(Pausa de treinta segundos) "Gracias. Sé que mi petición será otorgada. A la cuenta de cinco regresaré a un estado de plena conciencia, seguro de que mi petición será concedida. Uno. Gracias universo. Dos. Gracias por todas las alegrías y bendiciones que ya tengo. Tres. Puedo sentir el cambio en mí. Cuatro. Listo para un nuevo comienzo. Cinco".

Como puede observar, Josh no hizo su petición a una deidad específica. Pidió que el universo se la concediera. Si él hubiera tenido algún tipo de fe, habría sido mejor que dirigiera su solicitud a esa divinidad en particular.

Además, hizo una petición, en lugar de una demanda específica. Josh pudo haber exigido el cargo mejor pagado. Al desarrollar un ritual mágico, es común hacer una demanda. Sin embargo, Josh pensó que su petición funcionaría mejor si era formulada como una solicitud abierta.

Esto funcionó, ya que consiguió exactamente lo que pidió. Quizás se preguntará si él no debió haber pedido un puesto que cuadruplicara sus ingresos. Esto muestra la autoimagen y creencias de Josh acerca de sí mismo. Él necesitaba un milagro, pero aun así pidió algo que consideraba dentro del límite de posibilidades. Después de uno o dos años en el nuevo cargo, podría sentirse preparado para solicitar duplicar sus ingresos. Si hubiera empezado pidiendo una suma que consideraba imposible de alcanzar, subconscientemente habría saboteado sus esfuerzos, y terminado culpando a la magia.

Josh se visualizó en un nuevo cargo, uno que satisfacía los requisitos que había fijado. También se vio disfrutando momentos de alegría con sus hijos. Este escenario lo mostró haciendo algo que no podría haber realizado sin los ingresos adicionales. La escena final en la que pagó su última deuda también es dramática, pues parece que el cheque que entregó era de una suma considerable.

Cada una de estas escenas involucró las emociones de Josh, además de su capacidad de visualización. Sintió orgullo y gusto sentado detrás del escritorio de su oficina. Sintió amor y ternura con su familia. Tuvo una sensación de triunfo al pagar su última deuda. Es importante que las emociones estén ligadas a las escenas visualizadas, pues tienen un profundo efecto sobre la mente subconsciente. Las emociones son mucho más poderosas que la lógica. Es importante que los sentimientos positivos estén involucrados todo lo posible al desarrollar cualquier clase de magia. Cuando las emociones negativas, tales como el miedo y la duda, se introducen en el proceso, es mucho menos probable lograr los objetivos. Nuestra mente sólo puede alojar una emoción a la vez. Asegúrese de eliminar los sentimientos negativos antes de iniciar cualquier trabajo mágico.

Esta ha sido una breve introducción a la magia, una de las fuerzas más poderosas del universo. En los siguientes capítulos llevaremos la magia varios pasos adelante. Aquí aprenderá lo referente al asombroso sistema de chakras, y descubrirá cómo hacer milagros lanzando hechizos.

SIETE

Nuestro asombroso sistema de chakras

Somos mucho más que cuerpos físicos. Estamos rodeados por un sistema de energía invisible, conocido como aura, que está conformada por varias capas. La primera capa, la más cercana a nuestro cuerpo, es llamada el doble etérico. Dentro de este cuerpo etéreo, y expandiéndose hacia fuera, hay siete centros energéticos conocidos como chakras. Aunque están dentro del aura, los chakras funcionan en armonía con el cuerpo físico para mantenerlo activo, energético y sano.

La palabra chakra viene de un término sánscrito que significa "rueda", ya que se asimilan a círculos giratorios de color y energía. A veces son llamados "ruedas de la vida". Su tarea es absorber, transformar y distribuir las energías vitales universales en el aura.

Esta energía vital universal se conoce con varios nombres en diferentes culturas. Quizás ya conozca los términos prana, ch'i, ki, ankh, ruab o pneuma, que son nombres alternativos para la fuerza de vida universal.

En su forma más básica, esta energía vital es el aire, y en los métodos de los kahunas así como en los ejercicios de meditación, hemos visto lo importantes que son el aire y la respiración para que se lleve a cabo la magia. La energía universal es nuestro espíritu. Es de esencial importancia para todos los aspectos de la vida, y vela por el bienestar físico, mental y espiritual.

Hay siete chakras principales. Cinco se ubican a lo largo de la columna vertebral, y los otros dos están alineados con las cejas y la coronilla. Cada uno tiene un papel importante para asegurar la salud y la energía. Cuando un chakra está abierto, es posible aprovechar al máximo las cualidades que brinda. Un chakra abierto se asemeja a una flor de loto, y por tal motivo en el Oriente a cada uno se le asigna cierto número de pétalos. Cuando un chakra está cerrado, o bloqueado, las energías universales no funcionan apropiadamente en esa parte del cuerpo, y se siente la falta de las cualidades de ese chakra. El quinto chakra, por ejemplo, se relaciona con la comunicación. Si está cerrado, habrá dificultad para expresar los sentimientos.

Chakra raíz—Muladhara

Color: *Rojo*

Elemento: *Tierra*

La palabra *muladhara* viene de *mula*, que significa "raíz", y *adhara*, que significa "apoyo" El chakra raíz, o base, está situado en la base de la columna vertebral, y en el área del cóccix. Nos mantiene equilibrados energéticamente y tiene que ver con la supervivencia. Por consiguiente, asuntos tales como dormir, comer, trabajar, obtener abrigo y sentirse seguro, se relacionan con este chakra. Cualquier cosa que nos haga sentir inseguros tiene un efecto sobre él.

El elemento tierra está asociado con este chakra. La tierra es sólida, fuerte, nos mantiene equilibrados y brinda todo lo que es necesario para sobrevivir. El chakra raíz absorbe energía terrenal en el cuerpo, suministrándole vigor y fuerza. Tiene que ver principalmente con el cuerpo físico.

Cuando este chakra está equilibrado, la persona se siente bien consigo misma y con el mundo. Es afectuosa, humanitaria y se siente en control. Cuando está cerrado, la persona carece de confianza en sí misma y tiene poca motivación o incentivo para alcanzar sus metas.

Chakra sacro—Svadhisthana

Color: *Naranja*

Elemento: *Agua*

Svadhisthana significa "morada de la fuerza vital". El chakra sacro se ubica en el abdomen inferior, entre el ombligo y los genitales. Este chakra tiene que ver con la creatividad, sexualidad, placer, relaciones y emociones. Debido a que su elemento es el agua, se relaciona con todas las funciones fluidas del cuerpo, tales como la circulación, excreción y sexo. Cuando este chakra está equilibrado, la persona puede expresar sus emociones, y tiene un interés sano en el romance y la sexualidad. Es amigable, positiva, y congenia fácilmente con los demás. Cuando está cerrado, la persona pierde contacto con sus emociones, y puede ser demasiado sensible, desconfiada y temerosa.

Usualmente tendrá poco interés en el sexo, pero en algunos casos puede llegar a excesos imprudentes. Comer demasiado también es común cuando este chakra está cerrado.

Chakra del plexo solar—Manípura

Color: *Amarillo*

Elemento: *Fuego*

Manipura significa "joya del ombligo". El chakra del plexo solar está situado en el abdomen inferior, un poco arriba del ombligo. Representa acción, vitalidad y fuerza personal, y también tiene que ver con el metabolismo. Procesa las emociones, estimulando respuestas sanas, mientras diluye y neutraliza emociones negativas. Se relaciona con el elemento fuego, y brinda calor y energía. No es extraño que se conozca como el chakra del poder, pues es el asiento del poder personal. Cuando está equilibrado, la persona se siente fuerte, protectora y capaz de expresar sus sentimientos. También es espontánea, divertida, relajada y alegre. Le gustan las actividades físicas. La persona puede defenderse por sí misma cuando es necesario. Su vida emocional es plena. Cuando este chakra está cerrado, la persona carece de energía y teme la confrontación y los riesgos. También son comunes los sentimientos negativos de preocupación, inseguridad, miedo, ira, odio y depresión.

Chakra del corazón—Anahata

Color: *Verde*

Elemento: *Aire*

Anahata significa "el sonido constante". El chakra del corazón está ubicado en el centro del pecho, en el área del corazón. Es el chakra medio, y ayuda a balancear los tres chakras superiores con los tres inferiores. No es extraño que se relacione con el amor, y todo lo que surge de tal sentimiento. Esto abarca desde la simple pasión hasta el amor incondicional por la humanidad. Debido a que este chakra responde al elemento aire (prana), puede ser abierto y estimulado tomando respiraciones profundas. Cuando está equilibrado, la persona se siente contenta, e irradia amor y compasión. Se acepta y ama a sí misma y a los demás. Cuando está cerrado, se bloquea el equilibrio entre los tres chakras superiores (mente) y los tres inferiores (cuerpo). Esto crea ansiedad, paranoia y miedo al rechazo.

Chakra de la garganta—Visuddha

Color: *Azul*

Elemento: *Sonido*

Visuddha significa "purificar". El chakra de la garganta se sitúa en la garganta. Representa comunicación, creatividad y expresión de la personalidad propia, especialmente la palabra hablada. Cuando este chakra está equilibrado, la persona se encuentra en total unidad consigo misma, y puede comprender y utilizar sus pensamientos y sentimientos. También es creativa y se le facilita expresarse. Es probable que haya contacto creativo con la energía divina. Cuando este chakra está cerrado, la persona tiene miedo de expresarse. Es posible que esta triste persona sea tímida, callada y manipulativa. Son comunes los sentimientos de depresión.

Chakra de la frente—Ajna

Color: *Índigo*

Elemento: *Luz*

Ajna significa "saber". El chakra de la frente está situado en la frente, en el área que se conoce como el tercer ojo. Se relaciona con la capacidad perceptiva, visual e intuitiva. Cuida de los recuerdos, graba los sueños, y permite mirar adelante y visualizar el futuro que nos gustaría disfrutar. Tiene que ver con la intuición, dándonos información que no podríamos obtener de otra manera. Cuando este chakra está equilibrado, la persona puede recibir e interpretar las percepciones que experimenta, además de desarrollar sus capacidades intuitivas, especialmente la clarividencia. Cuando está cerrado, es probable que la persona sea pasiva, demasiado sensible y autocompasiva. Las indicaciones físicas del chakra de la frente bloqueada incluyen dolores de cabeza, irritación de los ojos, dolor de cuello y pesadillas.

Chakra de la corona—Sahasrara

Color: *Violeta*

Elemento: *Pensamiento*

Sahasrara significa "mil veces más". El chakra de la corona está ubicado justo encima de la coronilla, y avanza hasta el infinito. Se relaciona con el pensamiento, sabiduría interior, y la capacidad de saber y entender. Abre la puerta a la conciencia universal y el conocimiento superior. En personas muy evolucionadas, el chakra de la frente y la corona se combinan para crear un halo. Cuando este chakra está equilibrado, la persona está abierta y receptiva a la energía divina. Cuando está cerrado, la persona pierde su sentido de alegría y lleva una vida llena de dolor, decepción y frustración, a veces acompañada por dolores de cabeza.

Puede parecer que el chakra de la corona es el más importante, y los otros son sólo escalones que conducen a él. En realidad, cada chakra es tan importante como los demás. Un bloqueo en alguno de ellos quizás originará problemas en otras partes. De hecho, los siete chakras forman una escalera espiritual de la tierra al cielo, y cuando están equilibrados y funcionando correctamente, es posible lograr milagros cada vez que queramos.

Equilibrar la energía con los chakras

Aunque estamos viviendo en este planeta físico, es importante permanecer equilibrados. Este es especialmente el caso cuando trabajamos con las energías producidas por los cuatro chakras superiores. Es fácil equilibrarse, y experimentamos un gran beneficio si desarrollamos este ejercicio al menos una vez al día. Debemos hacerlo antes de meditar o participar en trabajos curativos.

Siéntese en una silla con respaldo derecho. Sus piernas deben formar un ángulo recto en las rodillas, y sus pies descansar cómodamente en el piso. Tome una respiración profunda, y, mientras exhala, presione los pies con firmeza sobre el suelo. Sentirá que los músculos de los muslos se tensionan, y experimentará un flujo de energía en la región del chakra raíz. Relaje la presión, luego tome otra respiración profunda, presionando otra vez los pies mientras exhala. Haga esto tres o cuatro veces, al menos una vez al día, para energizar su chakra raíz y equilibrarse.

Protección psíquica

Es importante protegerse de las energías negativas sin importar de dónde provengan. Esto es posible lograrlo encerrando el aura dentro de una burbuja de luz blanca pura.

Siéntese, cierre los ojos, y tome algunas respiraciones lentas y profundas. Mentalmente, visualícese sentado en una silla en la habitación en que se encuentra. Observe el área alrededor de su cabeza y cuello, y vea si puede detectar su aura. Si no puede, imagínese rodeado por un aura en forma de capullo.

Tome una respiración profunda, y observe cómo se expande su aura mientras la llena de prana beneficioso. Vea su aura decrecer un poco mientras exhala. Tome otras respiraciones profundas para observar el aura aumentando y disminuyendo de tamaño, y luego inhale de nuevo, esta vez imaginando que está aspirando el color rojo más bello que haya visto. Vea su aura llenarse de esta energía roja beneficiosa. Podría sentir este color llegando al área de su chakra raíz. Exhale lentamente, observando cómo el rojo permanece dentro del aura. Aspire de nuevo, esta vez observando que inhala el color naranja más brillante que haya visto. Visualícelo moviéndose a su aura, y siéntalo en el área del chakra sacro.

Repita esto cinco veces más, con los colores amarillo, verde, azul, índigo y violeta. Cada vez que inhale, vea el color aparecer en su aura y siéntalo moviéndose a su chakra correspondiente.

Cuando haya hecho esto, sus chakras estarán energizados y podrá ver, en su imaginación, todos los colores del arco iris dentro de su aura.

Ahora está listo para crear la burbuja de protección. Tome más respiraciones lentas y profundas, y luego visualice una luz blanca pura rodeando su aura. Se iniciará como un ligero contorno alrededor del aura, pero mientras la observa, formará una capa más gruesa y densa de luz protectora. Puede hacer esta protección tan grande como quiera. Encuentro que seis pulgadas de protección son suficientes para la mayoría de propósitos. Si vive o trabaja con personas negativas, podría hacerla con un espesor de un pie. Hace un tiempo trabajé con una mujer que podía ser descrita como una vampiresa psíquica. Después de estar cerca de ella durante unos minutos, sentí que perdía energía. Estoy seguro de que ella no estaba agotando la energía de otros conscientemente, pero mientras trabajaba a su lado mantenía mi burbuja blanca de protección constantemente, con al menos un pie de espesor alrededor de mi aura.

Equilibrar los chakras

Cuando es posible, hago que alguien más examine y equilibre mis chakras. Usted puede hacerlo por sí mismo, si lo desea. Muchas personas prefieren balancear sus propios chakras. Experimente ambos métodos, y vea por cuál le trae mejores resultados. Es recomendable aprender a equilibrar sus propios chakras, pues de vez en cuando puede encontrarse en una situación en la que no hay alguien disponible para ayudarlo.

Método de las dos personas

Párese mirando a la persona que va a examinar. Esta persona por lo general se encontrará un poco tensa, así que pídale que se relaje antes de comenzar. Yo le pido que sacuda sus brazos con vigor por unos segundos antes de iniciar. Haga que se pare con los pies algo separados y los brazos a los lados.

Con su mano dominante (la derecha si es diestro, la izquierda si es zurdo) agite el aire en la región del chakra de la corona de la persona. Pídale a ésta que extienda los brazos derechos hacia el frente, con los dorsos tocándose. Pídale que se resista a lo que usted va a hacer. Con ambas manos, sostenga las muñecas y vea si puede separarlas. Debe haber una evidente resistencia. Si los brazos son separados con facilidad, el chakra necesita ser equilibrado. Puede examinar todos los chakras primero, o probar y equilibrar, si es necesario, a medida que avanza el chequeo.

El procedimiento para equilibrar involucra la palma de su mano dominante. Ponga la mano a una pulgada del chakra que necesita ser balanceado, y luego empiece a moverla en el sentido de las manecillas del reloj, formando cada vez círculos más grandes mientras lentamente retrocede hasta quedar cerca de una yarda de la persona. Haga una pausa de unos segundos, y luego dirija la palma de su mano hacia el chakra, deteniéndose en la misma posición en que empezó. Pruebe el chakra de nuevo. Esta vez la resistencia debe ser mucho mayor, indicando que el chakra ahora está equilibrado.

Repita este procedimiento hasta que pruebe todos los chakras y cargue completamente los que necesiten ser equilibrados. Algunos prefieren examinar a la persona acostada y sosteniendo un péndulo sobre los chakras. Si usa este método, también puede emplear el péndulo para recargar los chakras moviéndolo en círculos, en el sentido de las manecillas del reloj, sobre los chakras que lo necesiten.

Método de una persona

Este es el método que uso cuando quiero examinar mis chakras pero no hay alguien que me ayude. Todo lo que necesita hacer es preguntarle a su péndulo si cada chakra está equilibrado. Yo prefiero hacer estas preguntas en voz alta. Usted recibirá una respuesta positiva en los chakras que están equilibrados, y una negativa en los que requieren atención.

Supongamos que todos sus chakras, excepto el del plexo solar, están balanceados. Sostenga el péndulo y hable directamente con este chakra. Diga algo como, "hola, chakra del plexo solar; mi péndulo me dice que le hace falta energía y necesita ser reequilibrado; ahora voy a hacer eso con mi péndulo". Mueva el péndulo en círculos, en el sentido de las manecillas del reloj, durante quince a veinte segundos. Detenga el péndulo, y pregúntele si el chakra del plexo solar está balanceado. Puede parar en este momento, si recibe una respuesta positiva. Si es negativa, mueva el péndulo en círculos otros veinte segundos, mientras le dice a su plexo solar lo que está haciendo. Repita esto hasta que el péndulo le diga cuál chakra está equilibrado. Si lo desea, revise de nuevo todos los chakras para asegurar que se encuentran en equilibrio.

Otro método que me gusta es tomar varias respiraciones lentas y profundas, mientras me visualizo inhalando el color que se relaciona con el chakra cerrado. Después de llenarme de esta forma con el color deseado, uso el péndulo para chequear el chakra otra vez. Si aún está débil, continúo respirando y absorbiendo el color deseado hasta recibir una respuesta positiva.

Fortalecer los chakras

Este es un ejercicio interesante que lo llenará de energía y entusiasmo. Comience tomando un baño o ducha. Si hace calor, deje que el cuerpo se seque naturalmente. Como alternativa, frótese vigorosamente con una toalla. Estando al desnudo, o usando ropa floja, cierre los ojos y visualice un círculo de energía roja girando rápidamente en la región del chakra raíz. Una vez que lo imagine con claridad, visualice un círculo de energía anaranjada en el área del chakra sacro. Avance a través de cada uno de los chakras, asegurándose de ver la rueda giratoria antes de pasar al siguiente chakra. Al hacerlo, es probable que sienta la energía de cada chakra subiendo por su columna vertebral. Después de haber visualizado un círculo de energía violeta en el chakra de la corona, visualice un rayo de luz dorada ascendiendo a través de los chakras, saliendo por la cabeza y rodeando su cuerpo con un glorioso brillo dorado. Puede dirigir esta luz a cualquier parte de su cuerpo que necesite ser fortalecida. Como alternativa, puede visualizarla dispersándose gradualmente en el universo para ayudar a curar a otros.

Cuando esté listo, tome algunas respiraciones profundas y abra los ojos. Después de hacer este ejercicio se sentirá totalmente reenergizado y preparado para cualquier cosa.

Este ejercicio también puede ser usado para cambiar patrones de comportamiento. Podemos, por ejemplo, dejar de fumar o perder peso. Podríamos ser más relajados y condescendientes, eliminar preocupaciones, o empezar a ahorrar dinero en lugar de gastar todo lo que conseguimos. No hay diferencia en cuanto a lo que desea lograr.

Desarrolle este ejercicio hasta que se vea desbordando el brillo dorado. Deje que este brillo se expanda hasta que usted se encuentre dentro de un enorme capullo de energía dorada curativa. Piense en lo que quiere hacer, y véase como desea ser, dentro del capullo dorado. Si quiere dejar de fumar, por ejemplo, no piense "quiero dejar de fumar", sino "no soy fumador". Debe pensar en el logro y no en lo que necesita hacer. Similarmente, diría "mi peso será de _____ libras", en lugar de "quiero perder treinta libras".

Repita este ejercicio todos los días hasta que logre su objetivo.

Ejercicio de restauración a la hora de acostarse

Este es un ejercicio agradable que fortalece los chakras y asegura que disfrutemos un buen sueño nocturno. Debe conseguir muestras de tela de los siete colores del arco iris. En mi caso fui afortunado, pues encontré un juego de siete pañuelos de seda de los colores necesarios. A la hora de acostarse, no se meta inmediatamente entre las sábanas. Empiece acostándose sobre la cama, y ponga un trozo de tela del color correcto en el área de cada chakra. Cierre los ojos y piense en el día que ha experimentado. Piense en las cosas buenas que han sucedido durante el día. No tienen que ser incidentes importantes. Si alguien le sonrió cuando iba por la calle, incluya eso. Piense en algo que lo hizo sentir feliz.

Cuando haya hecho eso, enfoque su mente en los aspectos menos agradables del día. Mientras piensa en cada uno de ellos, permita que su cuerpo le indique cuál chakra fue afectado. Podría experimentar una sensación de cualquier tipo, o posiblemente la sensación de saber cuál chakra se vio involucrado. Piense en el trozo de tela de color que yace sobre este chakra, y deje que las energías del color se extiendan por su cuerpo. Cuando se sienta listo, libere el incidente negativo, y continúe con el siguiente. Repita el procedimiento hasta que haya cubierto todas las experiencias negativas del día. Una vez que haga esto, dirija su atención a cada chakra, empezando en el chakra raíz, y dejando que el color de la tela lo llene de energía. Al terminar, remueva los trozos de tela, métase entre las sábanas y concilie el sueño. Todos experimentamos desavenencias y negatividad a lo largo del día. Es muy sano tratarlas antes de acostarnos, y este ejercicio nos permite también fortalecer cada uno de los chakras.

Si no tiene trozos de tela de los colores correctos, puede hacer el ejercicio imaginando que están ahí. Yo prefiero hacerlo con las telas, pero imaginarlas funciona igual de bien.

Hacer milagros con los chakras

Los chakras son los centros psíquicos más importantes del cuerpo. Cuando están armonizados y en perfecto equilibrio, podemos usar su enorme poder para lograr nuestros objetivos. Imagine el increíble poder que usted poseerá al emplear estos centros de energía y concentrarlos en un solo deseo.

El método usado es similar al de fortalecimiento de chakras. La principal diferencia es que usará esa energía para lograr un objetivo específico. Comience relajándose en un lugar donde no sea interrumpido o perturbado. Puede acostarse o sentarse en una silla cómoda durante el ejercicio.

Tome algunas respiraciones lentas y profundas. Cierre los ojos y relaje todos los músculos del cuerpo. Cuando se sienta relajado por completo, concéntrese en el chakra raíz. Imagine que su conciencia está en esa área, y visualice el chakra como un círculo giratorio de energía roja que apoya y revitaliza todo su ser. Cuando sienta calor, hormigueo u otra sensación en esta área, dirija su atención al chakra sacro, y continúe el mismo proceso ahí. Una vez que tenga una sensación en esta área, ascienda al siguiente chakra, y luego siga hasta llegar al chakra de la corona. Cuando sienta en este chakra un hormigueo de vitalidad y energía, piense en su objetivo. Visualice las palabras exactas de lo que desea en un enorme cartel o una pantalla de cine. Cuando pueda visualizar esto con claridad, sienta la energía en todos los chakras, silenciosamente lea las palabras del cartel, y dígase a sí mismo, "eso es lo que quiero, estoy atrayéndolo ahora". Retenga la sensación de éxito todo el tiempo que pueda, y, cuando empiece a disiparse, libérela.

Al terminar esto, relájese unos minutos. No necesita seguir pensando en su petición. La ha enviado al universo, y la respuesta llegará a su debido tiempo. Disfrute los pensamientos agradables unos minutos, y luego abra los ojos. Repita este ejercicio al menos tres veces en la semana, y preferiblemente a diario, hasta que su petición sea concedida.

A veces la respuesta llega casi de inmediato, y en otras ocasiones se necesita mucha paciencia. Esté atento a lo que sucede en su vida mientras espera una respuesta. A veces los resultados llegan de formas extrañas, casi ocultos.

OCHO

Hechizos

Cuando usted era un niño, quizás creía que la gente podía lanzar hechizos y hacer magia con ellos. Sin embargo, al crecer tal vez descartó tales ideas, pensando que eran muy fantasiosas, pueriles o imposibles. Esto es una lástima, porque todos tenemos la capacidad de hacer hechizos. Los resultados de éstos pueden ser milagrosos.

Cada vez que hacemos un hechizo empleamos los poderes ocultos de la mente para influenciar el mundo exterior y atraer lo deseado. Son necesarios cuatro factores: alguien o algo a qué invocar, visualización, concentración y simbolismo.

Empezamos visualizando el objetivo. Debemos sentirlo, verlo, oírlo e incluso probarlo. Debemos estar completamente seguros de que este deseo se hará realidad, y que todos se beneficiarán de él.

Luego es necesario invocar a una fuente apropiada de poder que esperamos hará realidad el hechizo. Si tenemos una formación cristiana, probablemente invocaremos a Dios. También podríamos invocar al arquitecto del universo, a Pan, Atenea, Isis o cualquier otra divinidad. Cada vez que bendecimos la mesa estamos haciendo un hechizo de bendición. Empezamos invocando a Dios, y luego damos gracias por la comida que vamos a ingerir. Los hechizos funcionan de la misma forma. En realidad, la mayoría de oraciones pueden ser descritas como hechizos. Muchas personas utilizan la oración como un último recurso, lo cual significa que sus mentes están llenas de miedo y pavor. Cuando estas emociones son transmitidas a la mente universal, es más improbable que la oración sea respondida, pues todo lo que circula son sentimientos negativos. Si rezamos, usando los cuatro factores de invocación, visualización, concentración y simbolismo, y adicionamos un alto grado de creencia, las oraciones serán respondidas todas las veces, siempre que hayamos hecho un hechizo perfecto.

Es importante concentrarse en el deseo mientras se desarrolla el hechizo. También es importante permanecer enfocado en este deseo hasta que el hechizo haya sido terminado.

El simbolismo es necesario para representar las personas o la situación involucradas en el hechizo. Podemos usar cualquier cosa para esto, siempre que nos sea claro que simboliza todo lo que vamos a utilizar. Podemos usar colores, aromas, fotografías, dibujos, palabras en papel, objetos personales y cualquier cosa que nos llame la atención. Recortes de uñas y mechones de cabello usualmente son encontrados en cuentos de hadas, pero podemos emplearlos si queremos.

Yo tiendo a evitar el uso de cosas que pertenecen o han pertenecido a otra persona, sin recibir primero el permiso de ella. Por consiguiente, siempre me dan algo mejor que un recorte de uña o un mechón de cabello.

Los cuatro elementos

Al menos uno de los cuatro elementos tradicionales es usado cuando se lanza un hechizo. Esto se debe a que cada uno tiene asociaciones simbólicas con diversos aspectos de la vida humana. Además, todos se combinan para formar el espíritu, que podría ser considerado el quinto elemento. Este espíritu es el que nos permite emplear las fuerzas ocultas del universo para lograr nuestros objetivos.

Fuego

El elemento fuego se relaciona con pasión, energía, fuerza, vitalidad, entusiasmo, motivación y todo lo que involucre acción y avance.

Tierra

El elemento tierra se relaciona con estabilidad, resistencia, constancia, fortaleza, crecimiento, perseverancia y curación. También está asociado con el hogar, fertilidad, hijos, mascotas y vida familiar.

Aire

El elemento aire se relaciona con creatividad, las artes, imaginación, estimulación mental, y el intelecto. También está asociado con viajes físicos y astrales.

Agua

El elemento agua se relaciona con las emociones, amor, fertilidad, fructuosidad, armonía y cooperación. También está asociado con el sueño, meditación, intuición, adivinación, muerte y renacimiento.

Amor y dinero

A través de la historia, la mayoría de hechizos han tenido que ver con el amor y la prosperidad. Todos quieren amar y ser amados, y todos, sin importar cuán ricos sean, anhelan más riqueza. Hay colores particulares que se relacionan con el amor y el dinero. El rosado simboliza amor, y el rojo representa pasión. El viernes generalmente es considerado el mejor día para hechizos de amor. Esto se debe a que el viernes se relaciona con Venus, la diosa del amor. El verde es el color usado para atraer dinero. El jueves es un buen día para hechizos que involucran dinero, ya que Júpiter es el dios de la expansión, y el jueves es su día.

Debe ser especialmente cuidadoso con los hechizos de amor. Puede lanzar un hechizo para atraer amor, pero no debe hacerlo a fin de volverse más atractivo para una determinada persona. Esto se conoce como hechizo de declaración, en el cual pedimos lo que queremos, pero sin poner atención a los deseos o el libre albedrío de los demás. Usted puede estar muy enamorado de alguien en su oficina, pero si él o ella no tiene interés en sus intenciones, no debe lanzar un hechizo para hacerse más atractivo(a) para esa persona. Todos los hechizos deben ser puros, no perjudicar a nadie, e idealmente beneficiar a la mayor cantidad de personas posible.

Hechizos curativos

Los hechizos pueden ser usados para ayudar a sanar a otros, asumiendo que quieren ser curados. En los hechizos curativos es usual que un objeto, tal como un cristal, sea cargado y energizado en el procedimiento. Este objeto es mantenido cerca de la persona enferma hasta que mejore una vez más.

Hechizos de bendición

Ya hemos mencionado que agradecer a la hora de comer es un hechizo de bendición. Estos son hechizos especiales en los cuales se dan gracias por los beneficios que han sido recibidos o están siendo recibidos. Podría agradecer que usted, o alguien cercano, ha restablecido la salud después de una enfermedad. Podría dar gracias por la paz mental, un ascenso laboral, un golpe de suerte inesperado, o cualquier cosa por la que esté agradecido. Si de algún modo escapó milagrosamente de un peligro, debe hacer un hechizo para dar gracias. El agradecimiento puede ser por algo de nivel internacional, como la terminación de una guerra. Agradezca eventos que ocurren a nivel local, tales como la elección de un alcalde, o la inauguración de un nuevo instituto que beneficiará a la comunidad. Nunca debe dejar de agradecer por cosas que lo beneficiaron.

Es una buena costumbre hacer hechizos de bendición. Muchos hechizos son realizados por lo que podrían ser consideradas razones egoístas, por eso es bueno hacer un hechizo de agradecimiento de vez en cuando, para demostrar que también nos interesa el bienestar de los demás.

Creación de hechizos

Gran parte del placer de hacer hechizos yace en idear uno que sea apropiado para lanzar al universo. A continuación veremos un par de ejemplos.

Hechizo para atraer un amante

Se requiere: una vela roja, dos hojas de papel blanco, un marcador rojo, un sobre, y una copa de vino tinto (o agua de color).

Elementos usados: fuego de la vela, que simboliza energía, entusiasmo y pasión; agua del vino, que simboliza amor y romance.

Mejor tiempo para desarrollar el hechizo: el viernes, idealmente en luna creciente.

Empiece reuniendo los objetos que necesita, y colóquelos sobre el altar. Luego, disfrute un baño o una ducha relajante. No se apresure en esta etapa. Hágala lo más lujosa y agradable posible. Podría usar sales para el baño y escuchar música romántica. Séquese con una toalla limpia y fina. Póngase ropa limpia y floja, o trabaje desnudo.

Regrese al altar y ponga la vela en el fondo del mismo. Frente a ella, coloque las dos hojas de papel. La copa de vino debe estar al lado derecho del altar.

Párese, o siéntese, frente al altar, prenda la vela, y luego pida la bendición de la deidad que quiera. Como está haciendo un hechizo de amor, podría pedirle a Venus que le ayude a lograr su objetivo.

Después de invocar la deidad haga una pausa por unos momentos. Luego escriba en una de las hojas un pareado (dos versos rimados) que represente su objetivo. No tiene que ser poesía de alto nivel. Nadie va a verlo, excepto usted. Es mucho más efectivo que haga un pareado en lugar de usar algo que ha leído en otra parte. Escriba algo nuevo y original, similar a las siguientes líneas:

"Busco una persona para dar plenitud a mi vida,
por favor ven a mí pronto para disfrutar una alegría compartida".

Escriba el pareado lentamente. Cuando lo termine, léalo en voz alta tres veces. Doble la hoja en cuartos y póngala sobre el altar directamente en frente de la vela.

Dibuje un corazón grande en la otra hoja. Coloréelo con el marcador rojo. Beba a sorbos el vino hasta que la copa quede vacía. Mientras hace esto, visualícese siendo llenado de pasión y grandes reservas de energía.

Ponga el corazón sobre la llama de la vela por unos momentos, luego dóblelo y métalo en el sobre. Use cera de la vela para sellarlo. Coloque el sobre en el frente del altar.

Tome la hoja de papel doblada que contiene el pareado. Léalo en voz alta tres veces, poniendo toda la energía y el entusiasmo posible. Doble el papel otra vez, y luego quémelo en la llama. Mientras arde, visualice su petición dirigiéndose al universo, donde será procesada y manifestada.

Agradezca a la deidad que invocó al comienzo de la ceremonia. Apague la vela, y ponga el sobre en un lugar donde no sea visto o movido por otras personas. Déjelo ahí veintiocho días, un ciclo lunar completo. Si luego de este tiempo el universo no le ha traído un amante, queme el sobre y haga todo el ritual de nuevo.

Recuerde que está haciendo un hechizo de atracción, y en este caso es para atraer un amante. El universo hará su máximo esfuerzo para brindarle lo que pide, pero usted también debe cumplir su parte. Tendrá que salir y conocer gente durante las siguientes cuatro semanas. Acepte todas las invitaciones sociales que se le presenten, pues no sabe en cuál estará la persona adecuada. Ponga especial atención a quienes se encuentre en este período. Tal vez conozca por casualidad a su ser amado mientras viaja al trabajo o está de compras. Si se queda en casa en las noches y fines de semana, lo más probable es que no conozca a esa persona especial, sin importar cuántos hechizos haga.

Hechizo para atraer dinero

Se requiere: una vela verde, dos hojas de papel, un sobre, un marcador verde, un pequeño recipiente metálico, siete monedas de 25 centavos de dólar (o las equivalentes a su moneda local), y una copa de vino tinto (o agua de color).

Elementos: los cuatro.

Mejor tiempo para desarrollar el hechizo: cualquier jueves, o la noche de luna nueva.

Comience colocando los objetos necesarios sobre el altar, y luego disfrute un baño o una ducha relajante. Use fragancias y jabones finos. Pase todo el tiempo que quiera en el baño. Séquese con una toalla de buena calidad, y luego póngase prendas de vestir limpias y flojas. También puede trabajar desnudo, si lo desea.

Regrese al altar y ponga la vela verde en el centro del mismo. Coloque las dos hojas de papel en frente de la vela, y ubique la copa de vino a su derecha. Ponga el recipiente metálico a su izquierda, con las monedas en fila frente a él.

Párese, o siéntese, en frente del altar. Encienda la vela y mire fijamente la llama durante sesenta segundos, antes de invocar la deidad que prefiera. Podría elegir a Júpiter, pues está pidiendo un aumento económico. Haga una pausa uno o dos minutos, hasta que sienta la presencia de la deidad en la habitación.

Cuando esté listo, escriba en la primera hoja la cantidad exacta de dinero que desea. Puede poner una cifra alta, pero no debe ser mayor que la que, siendo consciente, puede pedir y recibir. Pruebe la cantidad cerrando los ojos y diciéndose a sí mismo, "merezco cierta cantidad de dinero". Haga una pausa hasta que sienta una respuesta en su cuerpo. Si la respuesta es positiva y emocionante, ha pedido una suma apropiada. Si la respuesta es negativa y siente temor o ansiedad, baje la cifra e inténtelo de nuevo. Si no experimenta ninguna respuesta, eleve la suma las veces que sea necesario hasta que la reacción sea positiva.

Una vez que haya escrito la cantidad de dinero deseada, escriba un pareado que se relacione con su petición. Podría ser algo como lo siguiente:

"Dinero llega en plata y oro,
lo necesito ahora como un tesoro".

Recite los versos tres veces. Cuando termine, coloque la hoja en frente de la vela, de tal forma que pueda leer los números y la rima que ha escrito, y a la vez apreciar el contorno de la llama detrás. Doble la hoja en cuartos, y póngala sobre el altar frente a la vela.

En la segunda hoja dibuje lo que estará haciendo con el dinero cuando lo reciba. Si piensa comprar un vehículo, dibuje uno en especial. Si va a pagar cuentas, haga un dibujo de usted mismo entregando el dinero a la persona o personas que les debe. Podría dibujar varias cosas, dependiendo de la cantidad que haya pedido y lo que desea hacer. Su habilidad artística no es importante, pues nadie verá lo que usted está dibujando.

Coja la copa de vino y beba a sorbos lentamente, mientras mira su dibujo. Piense en lo que hará con el dinero cuando lo reciba.

Descargue la copa vacía y coja el recipiente metálico. Levante una de las monedas y déjela caer en el recipiente, diciendo en voz alta, "atraigo riqueza y abundancia". Repita esto hasta poner todas las monedas en el recipiente. Ubique éste a su lado izquierdo.

Escriba "fuego" en la esquina inferior derecha de la hoja que tiene el dibujo. Mientras hace esto, diga en voz alta, "necesito toda la vitalidad, energía y entusiasmo que el elemento fuego pueda darme".

Escriba "tierra" en la esquina inferior izquierda. Mientras lo hace, diga en voz alta, "necesito toda la sabiduría, estabilidad y paciencia que el elemento tierra pueda darme".

Escriba "aire" a dos tercios hacia arriba del lado derecho de la hoja de papel. Diga, "necesito toda la creatividad, imaginación y poder mental que el elemento aire pueda darme".

Escriba "agua" a dos tercios hacia arriba del lado izquierdo de la hoja. Diga, "necesito toda la estabilidad emocional, cooperación, armonía y amor universal que el elemento agua pueda darme".

Escriba "espíritu" en la parte superior y central de la hoja. Diga, "necesito toda la fuerza, energía y realización que el espíritu pueda darme".

(Los cinco elementos representan un pentagrama —estrella de cinco puntas— simbólico. El pentagrama es un antiguo símbolo mágico que unifica los elementos y aumenta el poder del hechizo).

Mire la hoja de papel y repita las frases de cada uno de los elementos. Trate de percibir la sensación que cada una tiene en su cuerpo físico. Doble la hoja y métala en el sobre, sellándolo con cera de la vela.

Coja la hoja doblada, ábrala y lea en voz alta la suma de dinero que ha escrito. Hágalo con toda la energía y el entusiasmo que pueda. Recite el pareado tres veces. Doble la hoja y quémela en la llama. Mientras arde, visualice su petición dirigiéndose al universo y siendo concedida.

Agradezca a la deidad que invocó al comienzo del ritual. Apague la vela. Coloque el sobre en un lugar seguro, donde no sea movido pero pueda verlo varias veces al día. Sobre él coloque el recipiente con monedas.

Todos los días durante una semana, saque las monedas y descárguelas de nuevo en el contenedor, una por una, diciendo "atraigo riqueza y abundancia" cada vez. Después de siete días, regale las monedas. Esto sirve para enfatizar el hecho de que su fortuna está aumentando y ya no las necesita.

En ambos ejemplos anteriores hemos creado rituales con los hechizos. Yo prefiero hacerlos de esta forma, porque siento que la energía emocional creada ayuda a todo el proceso. Sin embargo, los rituales y hechizos pueden ser hechos por separado. Muchos magos realizan hechizos reuniendo los elementos necesarios en un lugar, y dejando que los objetos hagan la magia.

Es difícil creer que un milagro puede ser hecho con sólo agrupar algunos objetos. Para asegurar el éxito debemos creer que es posible. Aunque, en este caso, no desarrollamos ceremonia alguna, nuestra fe en el resultado le permite a las fuerzas universales actuar sobre el deseo y hacerlo realidad. Expresamos esto al mundo mientras reunimos los elementos necesarios, y nos imbuimos a nosotros mismos, a los objetos y el área en que éstos se encuentran, de la energía necesaria para que el hechizo cree resultados.

Usted podría, por ejemplo, hacer un hechizo para atraer dinero con un billete de dólar (o con su denominación local), algunas monedas y un recipiente metálico. Envuelva las monedas dentro del billete y meta el paquete en el recipiente. Ponga el recipiente donde lo vea varias veces al día. Cada vez que lo observe, dígase a sí mismo, "atraigo riqueza y abundancia".

Esto es muy similar a las afirmaciones silenciosas que son usadas en Oriente. Hace miles de años, las motivaciones silenciosas se utilizaban para animar a la gente. Observaron que, por ejemplo, algunos peces nadaban río arriba e incluso saltaban por cascadas hasta alcanzar la zona de reproducción. Por consiguiente, los peces llegaron a significar progreso, que era importante en una sociedad en la que el éxito se determinaba por la capacidad de una persona para pasar los exámenes oficiales. Hace más de treinta años, cuando empecé a visitar el Lejano Oriente, quedé fascinado con los recipientes metálicos con monedas que observér sobre los escritorios de la gente. Esta era una afirmación silenciosa para recordarle a la persona lo que está generando en el trabajo, y así atraer más dinero.

Los hechizos pueden consistir en palabras específicas que se relacionen con lo deseado. "Danos hoy nuestro pan de cada día" podría considerarse como un hechizo. La mayoría de afirmaciones son una forma de hechizo. Recitar un mantra especial también es crear un hechizo. Algunos versos para niños comienzan como hechizos. Qué tal el siguiente, que es usado para la suerte:

"Mariquita, mariquita, vuela a tu hogar.
Tu casa está ardiendo y tus hijos están en ese lugar".

Las oraciones para acostarse son en realidad hechizos de protección. Las siguientes son dos oraciones que han sido usadas por generaciones:

"Ahora me acuesto a dormir.
Rezo porque el Señor cuide mi vivir.
Si muero antes de despertar,
rezo para que el Señor me lleve a su lugar.

"Mateo, Marcos, Lucas y Juan,
bendigan la cama en la que voy a descansar".

Quizás ha escuchado el dicho: "algo viejo, algo nuevo, algo prestado, algo triste". Sin embargo, ¿sabía que el hechizo original tenía una línea adicional?: "y una ramita de aliaga". ¿Podría explicar esto el fracaso de tantos matrimonios?

No todos los hechizos conllevan a buenos resultados. Cuando esto sea el caso, debe revisar lo que afirmó e hizo, para averiguar dónde pudo haberse equivocado. Tal vez su necesidad no era tan grande como lo pensaba. Quizás el resultado deseado no fue expresado con suficiente claridad. Es posible que su hechizo haya afectado a alguien más en forma inadvertida. Tal vez sus circunstancias habían cambiado, y el resultado ya no era tan importante como pensaba en un principio. También es probable que subconscientemente no haya creído que el hechizo iba a traer buenos resultados. Piense en estas cosas, y si aún desea que funcione, lleve a cabo otro hechizo.

Para terminar, ¿qué haría si cree que alguien ha lanzado un hechizo contra usted? Esta persona está practicando el hechizo de atadura, que es una forma negativa de la magia. Hay dos métodos tradicionales para eliminar los efectos de esta clase de hechizos. El primero es soplar los dedos. El segundo sólo puede ser usado sabiendo quién hizo el hechizo. Haga una señal con su mano. Hágalo empuñando la mano e insertando el dedo pulgar entre el índice y el medio, de tal forma que sobresalga ligeramente de ellos. Este tipo de señal es una forma usada comúnmente para prevenir el mal de ojo. Apunte su mano en esta posición a cualquiera que crea que le ha lanzado un hechizo, mientras silenciosamente se dice a sí mismo, "el hechizo ya no me afecta; estoy libre". Otros remedios tradicionales consisten en cruzar los dedos, hacer la señal de la cruz, o escupir sobre el suelo mientras la persona se dice a sí misma que el hechizo ya no tiene efecto sobre ella.

NUEVE

Escritura automática

Hay situaciones en las que sabemos exactamente lo que queremos, y en otras no tenemos ni la menor idea. Muchas personas me han dicho, "no sé qué pasa; necesito un milagro". Evidentemente, sucede algo en sus vidas que no han podido identificar. Podría ser una vaga sensación de insatisfacción, o la preocupación de que no están progresando en la vida.

Por fortuna, existe una técnica útil para recuperar la información perdida en la mente inconsciente. El término técnico para esto es psicografía, pero se conoce mejor como escritura automática. Si alguna vez hace dibujos mientras habla con alguien por teléfono, ha experimentado una forma de escritura automática.

Cuando hacemos esto, los dibujos aparecen con fluidez, con poco o ningún esfuerzo consciente. Algunas personas crean dibujos de mucha mejor calidad que si lo intentaran en forma consciente.

La escritura automática es similar. La persona entra en un estado casi de trance, que le permite a la mano moverse con lo que parece ser una mente propia. A veces, las palabras que aparecen pueden sorprender a quien las escribe inconscientemente, en especial si expresan ideas a las que por lo general se opone la persona.

Cualquiera puede aprender a realizar la escritura automática. Todo lo que se necesita es tomar un lapicero con la mano dominante y entrar en el correcto estado mental. Algunos pueden distraerse por completo mientras escriben de esta forma. Pueden ver televisión o disfrutar una conversación, mientras el lapicero que sostienen escribe por sí solo. Otros permanecen atentos a lo que escriben, pero no tienen idea de cuáles serán las siguientes palabras.

Se requiere paciencia. Al experimentar con esta técnica, es probable que cree garabatos o letras sin ningún significado. Sin embargo, con la práctica, se sorprenderá de lo que puede generar. Algunos producen la escritura automática con letras tan diminutas, que se requiere de una lupa para leerlas. Otros generan escritura inversa, y en tal caso, es necesario observar lo creado en el lado opuesto del papel. Ha habido casos de personas que escriben en idiomas que no conocen. Un ejemplo documentado de lo anterior habla de Hélène Smith, una médium suiza del siglo XIX. Ella podía escribir automáticamente en árabe.[1] Algunos escriben palabras con lentitud, y otros generan más de mil palabras por hora mientras escriben de esta forma. El reverendo Vale Owen podía escribir unas veinticuatro palabras por minuto, cuatro noches a la semana, durante meses seguidos. Su velocidad promedio era de mil cuatrocientas cuarenta palabras por hora.[2]

Una gran cantidad de trabajos, algunos de gran importancia, han sido realizados con escritura automática. Mucha información canalizada ha llegado de esta forma. Madame Blavatsky y Alice Bailey afirmaron que gran parte de sus trabajos publicados provenía de fuentes externas a ellas.[3] Harriet Beecher Stowe, autora de *Uncle Tom's Cabin* (*La cabaña del tío Tom*), dijo que no escribió el libro, sino que lo recibió. William Blake escribió que su famoso poema "Jerusalem", le fue dictado, y que él simplemente lo escribió. En su prefacio, Blake escribió: "puedo elogiarlo, pues no pretendo ser más que el secretario; los autores están en la eternidad".

Incluso partes de la Biblia fueron transmitidas a través de la escritura automática. En 2 Crónicas 21:12, leemos: "Y le llegó una carta del profeta Elías, que decía, Jehová el Dios de David tu padre ha dicho así".

En 1852, el libro del reverendo C. Hammond, *The Pilgrimage of Thomas Payne and Others to the Seventh Circle*, se convirtió en el primer trabajo producido por escritura automática publicado en los Estados Unidos. Este libro de doscientas cincuenta páginas fue creado en poco más de un mes. Luego siguieron otros trabajos, en gran parte de naturaleza espiritual. *Oahspe*, una Biblia cósmica recibida por el doctor John Ballou Newbrough, en 1882, aún se consigue en tiendas de la Nueva Era. Posiblemente es el primer libro recibido por mecanografía automática. Ruth Montgomery es un ejemplo reciente de una autora que escribió una serie de libros usando mecanografía automática.[4] Alfred, Lord Tennyson, William Butler Yeats y Gertrude Stein, son tres ejemplos de autores conocidos que usaron la escritura automática para aumentar su creatividad. En su autobiografía, *Something of Myself*, Rudyard Kipling escribió: "la pluma se hizo cargo, y yo la vi empezar a escribir historias acerca de Mowgli y animales, que posteriormente se convirtieron en *The Jungle Books*".[5] En el prefacio de un libro creado por escritura automática, el filósofo C. H. Broad escribió: "Indudablemente hay evidencia independiente de la existencia, en algunas personas, de extraordinarias fuerzas creativas, que se revelan sólo cuando sus poseedores están en un estado disociado".[6]

Los ejemplos más famosos de escritura automática son los atribuidos a Patience Worth, quien se comunicaba a través de la tabla ouija. Esta tabla, como la conocemos actualmente, fue inventada por Elijah J. Bond y William Fuld en 1892. Es un tablero que contiene las letras del alfabeto en dos hileras curvas, una hilera de números de uno a cero, y las palabras "sí", "no" y "adiós". El planchette, una pequeña tabla triangular o en forma de corazón, con ruedas o juegos de bolas en dos extremos, y un lápiz en el tercero, fue inventado por M. Planchette, un espiritista francés, en 1853.[7] Hoy día, los planchettes tienen tres cojinetes de fieltro, en lugar de ruedas y un lápiz en los extremos. Sin embargo, por mucho tiempo ha habido variaciones del planchette y la tabla ouija. En el año 540 a. C., Pitágoras condujo sesiones de espiritismo en las que un tablero especial sobre ruedas se movía hacia diferentes signos, de manera muy similar al movimiento de un planchette en la tabla ouija. Esta es una forma de escritura automática.

En 1913, dos mujeres jóvenes de San Luis empezaron a experimentar con una tabla ouija. La mayoría de los primeros mensajes que recibieron no fueron importantes, pero en la noche del 8 de julio, el tablero deletreó: "Hace muchas lunas viví. De nuevo vengo. Patience Worth es mi nombre".

Las dos mujeres, Pearl Curran, de veintiún años de edad, y su amiga Emily Hutchings, quedaron asombradas cuando el planchette empezó a moverse de nuevo. Esta vez deletreó: "Esperen. Hablaría con ustedes. Si viven, entonces viviré. Serviré mi pan junto a su hogar. Buenas amigas, seamos felices. El tiempo de trabajo es pasado. Que la gata se adormezca y parpadee su sabiduría a la leña ardiente".

Pearl y Emily hicieron preguntas a la tabla acerca de Patience Worth. Descubrieron que era una inglesa que había vivido en el siglo XVII. Resultó ser tan encantadora y divertida, que las dos mujeres registraron todos los mensajes que llegaban.

Cuando Patience Worth empezó a comunicarse, fue muy prolífica, y dictó seis novelas, varias obras y más de cuatro mil poemas, letra por letra, a través de la tabla ouija. Una antología de la "mejor" poesía de 1917, incluyó cinco poemas de Patience Worth, dos más que los de Amy Lowell y Vachel Lindsay, poetas destacados de la época.

La calidad del trabajo de Patience Worth era excelente. El periódico *The New York Times* describió uno de sus libros como "extraordinario". El *London Evening Standard* dijo que su novela *Hope Trueblood* era "digna de lo mejor de Dickens".

Pearl Curran descubrió que siempre que tenía contacto con el planchette, Patience Worth se manifestaba. Cualquiera podía tocarlo al mismo tiempo, pero sin duda los mensajes pasaban a través de Pearl. Después de usar la tabla ouija varios años, Pearl descubrió que podía pronunciar las letras mientras un amigo las escribía.

Como era de esperarse, Patience Worth se enfrentó a un grupo de incrédulos. Esto no le preocupaba en lo más mínimo, y regularmente hacía bromas acerca de ellos. Incluso compuso un poema para las personas que insistían que probara su autenticidad:

> ¿Un fantasma? Suficiente.
> Puedo probar que sí lo soy.
> Digo, he aquí, aquí estoy.
> Borceguís, falda, gorra y enaguas,
> y mucha lengua.
> Bien, ¿qué tienes para probarte?[8]

En 1908, Frederick Bligh Bond (1863–1945), estuvo a cargo de las excavaciones en la abadía de Glastonbury. Un año antes, había conseguido la ayuda de su amigo, el capitán John Bartlett (1863–1933), un conocido médium, compositor y oficial naval retirado, en un experimento de escritura automática cooperativa. Puso su mano sobre la de Bartlett y preguntó: "¿puede decirnos algo acerca de la abadía de Glastonbury?". La información recibida fue asombrosa. John Bartlett usó la escritura automática para contactar al espíritu de un monje medieval llamado Johannes Bryant, quien pudo decirle a Bond exactamente dónde encontrar la desaparecida capilla de Edgar y los restos de un santuario destruido. La escritura automática fue una mezcla de inglés medieval y latín.[9]

John Bartlett también produjo varios dibujos de la abadía de Glastonbury de la misma forma. Esto se conoce como dibujo automático. Es
interesante observar que Bartlett los hizo con la mano izquierda, aunque escribía con la derecha.

W. T. Stead (1849–1912) fue un conocido periodista y defensor
de los derechos humanos que usó mucho la escritura automática. En
una ocasión, Stead se estaba alistando para encontrarse con una
amiga en una estación de ferrocarril. La amiga había dicho que su
tren llegaría "cerca de las 3:00". Antes de salir para la estación, Stead
mentalmente le pidió a su amiga que tomara el control de su mano y
le diera una hora más precisa para la llegada del tren. La escritura
automática dijo que llegaría faltando diez para las tres. Stead se fue a
la estación y encontró que el tren había sido retrasado. Tomó lápiz y
papel de su bolsillo y le preguntó a su amiga: "¿por qué te has demo-
rado tanto?". Recibió la siguiente respuesta: "nos detuvimos mucho
tiempo en Middlesborough; no sé por qué". El tren llegó poco después, y Stead le preguntó a su amiga por qué se tardó. "No lo sé",
respondió ella. "El tren se detuvo tanto tiempo en Middlesborough,
parecía que nunca iba a arrancar".[10]

Experimentar con escritura automática

La mejor forma de empezar a practicar la escritura automática, es
experimentar de manera despreocupada. Si se sienta en una mesa,
seguro de que va a recibir un mensaje, es probable que nada suceda.
Sin embargo, si se sienta con la actitud indiferente en cuanto a si se
presenta o no algo, es posible que tenga éxito.

Siéntese y prepare el brazo dominante, creando un ángulo de noventa grados en el codo. La mano que sostiene el lápiz o lapicero debe descansar cómodamente sobre un papel. Relájese todo lo posible y vea lo que sucede. En esta etapa muchos prefieren cerrar los ojos y entrar en un estado tranquilo y meditativo. Usted podría relajar todos los músculos del cuerpo, como lo hemos hecho en otras técnicas presentadas en este libro. Entre más relajado esté, mejor. He conocido personas que silenciosamente dicen afirmaciones positivas sobre la escritura automática en esta fase. Podría decir: "ahora estoy relajado y receptivo a los mensajes que lleguen. Sé que la información será útil para mí en mi vida cotidiana, y estoy listo y dispuesto a recibirla".

Luego de un rato, la mano que sostiene el instrumento de escribir empezará a moverse. Resístase a la tentación de ver lo que está sucediendo. La escritura automática es inconsciente, y cualquier interés consciente detendrá de inmediato el movimiento.

Si tiene suerte, empezará es escribir palabras y oraciones enseguida. La mayoría de personas comienzan con círculos, elipses y formas ilegibles. No marca una diferencia lo que el lápiz o lapicero genere en las primeras sesiones. Si traza algo ha tenido un buen comienzo. Habrá ocasiones, incluso cuando sea un experto, en que nada fluirá. Esto significa que en ese momento nada está disponible para ser trascrito. Guarde sus implementos de escritura e inténtelo después.

Parece simple poner la punta de un lápiz sobre una hoja, entrar en un estado meditativo, y luego relajarse mientras el lapicero escribe los mensajes. Para muchos es así de sencillo. Sin embargo, algunos encuentran difícil iniciar.

Trate de poner la punta del lapicero sobre la hoja, asegurándose de que su mano y muñeca no toquen la mesa. El brazo pronto se cansará, y el lapicero empezará a moverse.

Experimente cogiendo el lapicero de diferentes formas. He visto personas escribiendo automáticamente mientras lo sostienen en el puño cerrado. También conozco a alguien que lo coge entre el índice y el dedo medio. Tal vez descubra que estas variaciones funcionan bien para usted.

Podría tratar de escribir con la otra mano. Yo no he tenido éxito con esto, pero muchos encuentran que la escritura automática es más fácil cuando se usa la mano no dominante. Se dice que cualquiera puede aprender a escribir automáticamente con ambas manos. Sin embargo, es más probable hacerlo con la mano menos dominante que con la que escribimos.

Otro método es empezar a mover el lapicero haciendo círculos grandes en una hoja de papel. Una vez que empiece, no ponga más atención a los movimientos de su mano. A menudo, el lapicero, iniciado de esta manera dejará de trazar círculos e iniciará la escritura automática.

Muchas personas tienen una sensación de hormigueo en la mano justo antes de que el lapicero empiece a moverse. Algunos sienten un fuerte tirón, y luego el lapicero toma vida propia. Yo nunca he visto ni experimentado lo anterior. El reverendo Stainton Moses (1839–1892), un conocido espiritista del siglo XIX, tuvo un inicio violento en la escritura automática en 1872: "mi brazo derecho fue agarrado cerca del medio del antebrazo, y sacudido violentamente de arriba a abajo con un ruido semejante al producido por trabajadores de carreteras. Fue la más grande exhibición de 'acción muscular inconsciente' que he visto. En vano traté de detenerla. Sentía bien los apretones, suaves y firmes, alrededor de mi brazo, y aun cuando poseía perfectamente los sentidos y la voluntad, no pude interferir, aunque mi mano estuvo inhabilitada unos días por la magulladura que entonces tenía. Pronto descubrimos que el propósito era aumentar la fuerza".[11]

Encontrará que los mejores resultados se dan si experimenta con la escritura automática a la misma hora todos los días. Para mí la mejor hora es por la noche cuando empiezo a sentirme cansado. En este tiempo es fácil entrar en el estado mental apropiado. También es útil que la habitación esté medio oscura. Otro beneficio que encuentro al practicar a la misma hora cada día, es que los mensajes usualmente continúan la secuencia de los recibidos el día anterior.

Practique con la mayor frecuencia posible. Deténgase cuando se sienta cansado o cuando la escritura parezca haberse detenido. Nada ganará forzándose a estar sentado en una mesa varias horas seguidas sin producir resultado alguno. Quince o veinte minutos diarios generarán resultados más rápidamente que una sesión semanal de dos horas.

Con la práctica se asombrará de su potencial. Descubrirá que puede escribir durante horas consecutivas sin cansarse físicamente. Todos somos diferentes. Algunos pueden hacer escritura automática mientras ven televisión o charlan con amigos. Conozco a alguien que podía leer un libro mientras escribía automáticamente. Algunos prefieren sentarse en estado meditativo mientras la mano recibe la información. Experimente y descubra cuál método preferido. La calidad de la información recibida mejorará a medida que practique.

No hay límites para lo que puede producir. Recibirá información de su pasado, presente y futuro. La escritura automática puede aumentar su creatividad. Podría crear poemas, novelas, obras, o recibir respuestas a preguntas que lo tienen inquieto. Incluso es posible que reciba respuestas para preguntas de otras personas, y detalles adicionales de sueños que haya tenido. Con frecuencia los sueños nos hablan con símbolos que son difíciles de entender. A menudo, los símbolos oníricos tienen varias interpretaciones posibles, y es importante averiguar cuál es la correcta. Nada de esto es problema para la mente inconsciente. Podemos usar la escritura automática para responder las preguntas que tengamos acerca de nuestros sueños.

Una vez que adquiera experiencia en la escritura automática, podrá preguntarle a su mente inconsciente lo que desea. Por ejemplo: "¿merezco un milagro en mi vida?". La respuesta a esta pregunta tendrá efecto sobre todo lo demás que ha sido cubierto en este libro. Si recibe una respuesta negativa, deberá hacer más preguntas para averiguar por qué su mente inconsciente no lo considera digno de un milagro. Trabaje en las respuestas que reciba, y luego formule la pregunta otra vez. Siga haciéndolo hasta que reciba una respuesta positiva.

Puede hacer preguntas sobre cualquier cosa que esté ocurriendo en su vida. ¿Debería invitar a salir a cierta persona? Saque lápiz y papel y averígüelo. ¿Debería hacer esa inversión? ¿Tomar unas vacaciones? ¿Aceptar una invitación? ¿Cambiar de empleo? ¿Cuál sería la mejor carrera para mí? Puede hacer preguntas generales, tales como "¿qué debo saber sobre mi futuro?", y específicas como "¿dónde están las llaves de mi auto?". No hay límites para lo que puede preguntar.

Nuestra mente inconsciente sabe más de lo que podemos imaginar. Normalmente, el acceso a ella es limitado. Sin embargo, debido a que la escritura automática no es filtrada ni censurada por la mente consciente, brinda una conexión directa con toda la información almacenada ahí. Por consiguiente, podemos preguntarle cualquier cosa. Desarrollar la capacidad de escribir automáticamente nos permite tener acceso a esta información cuando queramos. Eso es en sí un milagro.

DIEZ

Conclusión

AHORA YA SABE todo lo que necesita para hacer sus propios milagros. De aquí en adelante no podrá culpar a la mala suerte si cree que no está progresando en la vida. Si no está feliz con algún aspecto de su vida, podrá hacer los cambios necesarios escuchando su mente interior. Tiene la capacidad de darle un vuelco a su existencia y lograr prácticamente todo lo que desee. Por supuesto, debe fijar una meta, invocar a una fuerza superior, trabajar con dedicación, permanecer motivado, y luego crear un milagro.

También debe estar preparado para aceptarlo. No todos están dispuestos a aceptar un milagro. Jesús no pudo hacer milagros cuando regresó a Nazaret, pues los habitantes no estaban preparados para aceptarlos (Mateo 13:54–58).

Debido a su descreimiento, Jesús no podía curarlos. Por consiguiente, para que reciba milagros en su propia vida, necesita estar preparado para aceptarlos.

Los milagros se presentan de diversas formas. Para una persona minusválida, lo más probable es que un milagro sea una curación repentina que lo recuperará plenamente. No obstante, otro milagro podría ser que la persona de algún modo considerara la incapacidad como una experiencia de aprendizaje. Una vez que acepte la situación, y saque el mejor partido de ella, podría progresar enormemente en esta encarnación. ¿Es el segundo escenario menos milagroso que el primero?

El hecho de que usted esté vivo y leyendo este libro, es un milagro. La idea de que la vida misma es un milagro, es un consuelo para muchos, y les permite dar un sentido a su existencia. Pueden confiar en el orden del mundo, y creer que todo saldrá exactamente como fue planeado por el creador. Para ellos, los milagros no necesitan explicación y revelan la presencia de Dios en todo lo que existe.

Aldous Huxley describió muy bien este punto de vista:

Agradecimiento por el privilegio de estar vivo y ser testigo de este milagro, de ser, en realidad, más que un testigo —una parte de él—. Agradecimiento por estos dones de felicidad luminosa y entendimiento sin conocimiento. Agradecimiento por esta unión con la unidad divina y a la vez ser esta criatura finita entre otras criaturas finitas.[1]

Si revisa su vida, quizás recordará incidentes que fueron considerados coincidencia o suerte. Si los examina en detalle, podría descubrir que en realidad fueron milagros. Muchos milagros no son reconocidos como tales. Debe estar preparado, dispuesto a recibirlos, manteniendo una expectativa positiva. Esto lo ayudará a desarrollar lo que Marc Barasch, editor del *New Age Journal*, llama "personalidad propensa a milagros".[2]

Todos los aspectos de su vida serán más alegres cuando viva cada día con un sentido de lo milagroso. No necesita regalar todos sus bienes ni volverse monje o ermitaño. Cuando lleve una vida en la que se sienta realizado, y a su modo esté marcando una diferencia en el mundo, permitirá que el lado espiritual de su naturaleza se desarrolle y tendrá un verdadero sentido de su ser. En cada tipo de situación mostrará su verdadera naturaleza, y cada aspecto de su vida será milagroso.

Imagine disfrutar cada día libre de estrés y negatividad, en completa paz, en control, y logrando todo lo que debe ser realizado. No necesita ser un pastor o rabino para llevar una vida espiritual. Puede expresar esta naturaleza en todo lo que hace, sin importar cuál sea su ocupación.

Una de las personas más exitosas que he conocido era un barrendero de calles que trabajaba en el barrio de los lupanares de la ciudad en que yo vivo. Estaba orgulloso de su trabajo y lo demostraba. Le sonreía a todo el mundo, y a menudo aconsejaba a personas que se sentían deprimidas. Al final, escribió un libro sobre su vida como barrendero de calles. El lado espiritual de su ser era evidente en todo lo que hacía. No importa qué trabajo tengamos. Si lo hacemos de manera amorosa y espiritual, disfrutaremos las grandes recompensas que surgen de este enfoque de la existencia, y nos abrimos a lo milagroso en la vida cotidiana.

Podemos hacer esto en todos los niveles. Es ideal comenzar con metas modestas y avanzar con base en los resultados exitosos. Al final, podemos alcanzar el nivel logrado por el doctor Philip S. Haley, un dentista de San Francisco. Él quedó fascinado con los milagros que involucraban la duplicación de alimentos. Había estudiado religión e intuición, y pensó que los milagros que había leído fueron logrados por la capacidad psíquica de Jesús y otros grandes profetas. Estas personas maravillosas eran muy sensitivas e intuitivas. Debido a que Haley también se consideraba psíquico, inició una serie de experimentos. Lo primero que observó fue que aumentó el número de naranjas que había dejado en una alacena. Luego notó que el montón de leña que mantenía junto a la chimenea también estaba creciendo. Después de estos descubrimientos iniciales, empezó experimentos más formales. En uno de ellos, preparó diez tajadas de manzana y siete rebanadas de pan para su esposa y un invitado. Cuando fueron llevadas al comedor, las rebanadas de pan ya eran ocho. Ambas personas comieron dos tajadas de manzana, y la Sra. Haley se comió dos rebanadas de pan.

Cuando la comida fue contada de nuevo, descubrieron que aún tenían nueve tajadas de manzana y siete rebanadas de pan. El doctor Haley hizo más de veinte experimentos exitosos de este tipo. Muchos de ellos fueron presenciados por otras personas. Él registró sus milagros en un libro llamado *Modern Loaves and Fishes and Other Studies in Psychic Phenomena*.[3] A propósito, uno de los mensajes del libro del doctor Haley fue que ninguna religión controla la capacidad de hacer milagros. Él creía que se trataba de un fenómeno humano natural que cualquiera podía aprender a realizar.

Una vez que empiece a tener éxito en estas áreas, debe considerar los increíbles resultados que pueden ser logrados al reunirse un grupo de personas del mismo parecer. Usted y sus colegas podrían hacer un milagro que beneficie a toda la humanidad. Comience con cosas pequeñas, en solitario, y luego siga un progreso constante. No hay límites en cuanto a dónde puede llegar.

Debe pedir milagros de carácter personal. Hágalo regularmente. Pida milagros pequeños y grandes. De este modo ayudará a realizar la mayoría de sus objetivos. No es necesario alcanzar todas las metas, pues el placer y la emoción se sienten mientras trabajamos por lograrlas. Miguel de Cervantes (1547–1616) expresó bien esto cuando escribió: "el camino siempre es mejor que la posada".

Deje que los milagros entren en su vida, y disfrute su tiempo en el camino.

Notas

Introducción

1. Agustín de Hipona, *Epístola* 102. Muchas versiones disponibles, incluyendo: *Patrologiae cursus completus: serie latina* (Editado por J. P. Migne, Paris, 1857–1866), 372.

2. Santo Tomás de Aquino (traducido por Vernon J. Bourke), *On the Truth of the Catholic Faith* (New York, NY: Doubleday and Company, 1956), ch. 102.

3. Papa Benedicto XIV, *De Servorum Dei Beatificatione et Beatorum Canonizatione, iv De Miraculis* (Bologna, Italia, 1738), 1.1.12.

4. Paul Tillich, *Systematic Theology*, Volume 1 (London, UK: Nisbet, 1953), 130.

5. David Hume, *An Enquiry Concerning Human Understanding* (publicado inicialmente en 1748. La segunda edición hecha por L. A. Selby-Bigge, fue publicada por Oxford University Press in 1902), Sección X: *Of Miracles*, pág. 211, nota de pie de página.

6. Richard Swinburne, *The Concept of Miracle* (London, UK: Macmillan and Company, 1970), 1.

7. C. S. Lewis, *Miracles: A Preliminary Study* (London, UK: Geoffrey Bles Limited, 1947), 15.

8. R. F. Holland, "The Miraculous," artículo en *American Philosophical Quarterly*, ii, (1965), 43. Este artículo fue reimpreso en *Miracles*, editado por Richard Swinburne (New York, NY: Macmillan Publishing Company, 1989), 53–69.

9. George Woodcock, *The Crystal Spirit: A Study of George Orwell* (Boston, MA: Little, Brown and Company, 1966), 168.

10. John Evelyn, *Diary of John Evelyn*, Volumen 3, editado por E. S. de Beer (1955), 96.

11. Richard Carew, citado en William Camden, *Remains Concerning Britain* (London, UK, 1614), 224.

Capítulo Uno

1. Willa Sibert Cather, *Death Comes for the Archbishop*, Libro 1, Capítulo 4. nd.

2. *Encyclopaedia Britannica, Micropaedia V* (Chicago, IL: Encyclopaedia Britannica, Inc., 15a edición, 1983), 322.

3. C. S. Lewis, *Miracles: A Preliminary Study*, 131–158.

4. Soren Kierkegaard, *Training in Christianity* (London, UK: Oxford University Press, 1941), 99.

5. Kenneth L. Woodward, *The Book of Miracles* (New York, NY: Simon and Schuster, Inc., 2000), 34.

6. Herbert Thurston, *The Physical Phenomena of Mysticism* (Chicago, IL: Henry Regnery Company, 1952), 174–175.

7. D. Scott Rogo, *Miracles: A Parascientific Inquiry into Wondrous Phenomena* (New York, NY: The Dial Press, 1982), 302–303.

8. Richard Webster, *Is Your Pet Psychic?* (St. Paul, MN: Llewellyn Publications, 2002), 122–123.

9. Eleanor Touhey Smith, *Psychic People* (New York, NY: William Morrow and Company, Inc., 1968), 13–20.

10. Carol Neiman, *Miracles: The Extraordinary, the Impossible, and the Divine* (New York, NY: Viking Studio Books, 1995), 80.

11. Montague Summers, *The Physical Phenomena of Mysticism* (London, UK: Rider and Company Limited, 1950), 123.

12. D. Scott Rogo, *Miracles: A Parascientific Inquiry into Wondrous Phenomena*, 82–83. nd.

13. Auguste Swerrens, *Blessed Saints* (Edinburgh, Scotland: Turner and Powers Limited, 1922), 147.

14. Karlis Osis y Erlendur Haraldsson, "OOBE's en Indian Swamis: Satya Sai Baba and Dadaji," artículo en *Research in Parapsychology*, 1975, editado por Joanna Morris, Robert Morris, y W. G. Roll. (Metuchen, NJ: Scarecrow Press, 1976).

15. Eric Dingwall, *Some Human Oddities* (New Hyde Park, NY: University Books, Inc, 1962), 88.

16. Stuart Gordon, *The Paranormal: An Illustrated Encyclopedia* (London, UK: Headline Book Publishing, 1992), 203.

17. Jocelyn Rhys, *The Reliquary: A Collection of Relics* (London, UK: Watts and Company, 1930), 2–4.

18. Íbid., 16.

19. Keith Thomas, *Religion and the Decline of Magic* (New York, NY: Charles Scribner's Sons, 1971), 26.

20. Harley Williams, *A Doctor Looks at Miracles* (London, UK: Anthony Blond Limited, 1959), 47–49.

21. *The British Daily Mail* reportó el 19 de junio de 1921 que "los campesinos sólo quieren confesarse con el joven fraile, se niegan a recibir la comunión de la mano de otro, y como resultado el resto del monasterio está desocupado, mientras largas filas asedian al joven franciscano y miran asombrados las marcas en su cabeza, manos y pies calzados con sandalias".

22. Padre Pio, citado en *The Friar of San Giovanni* por John McCaffery (London, UK: Darton, Longman and Todd, 1978), 3.

23. Oscar De Liso, *Padre Pio: The Priest Who Bears the Wounds of Christ* (New York, NY: McGraw Hill Book Company, 1960), 114–118.

24. Susy Smith, *Widespread Psychic Wonders* (New York, NY: Ace Publishing Corporation, 1970), 174–175.

25. Joseph E. Lifschutz, "Hysterical Stigmatization," artículo en *American Journal of Psychiatry*, 114, 1957, 527–531. Reimpreso en *The Unfathomed Mind: A Handbook of Unusual Mental Phenomena*, compilado por William R. Corliss (Glen Arm, MD: The Sourcebook Project, 1982), 683–688.

26. Joseph V. Klauder, "Stigmatization," artículo en *Archives of Dermatology and Syphology*, 37, 1938, 650–659. Reimpreso en *The Unfathomed Mind: A Handbook of Unusual Mental Phenomena*, compilado por William R. Corliss (Glen Arm, MD: The Sourcebook Project, 1982), 689–690.

27. Stuart Gordon, *The Book of Miracles: From Lazarus to Lourdes* (London, UK: Headline Book Publishing, PLC, 1996), 142–143.

28. Stuart Gordon, *The Paranormal: An Illustrated Encyclopedia* (London, UK: Headline Book Publishing, PLC, 1992), 229.

29. L. Zolondek, *Book XX of Al-Ghazali's Ihya' `Ulm Al-din* (Leiden, Netherlands: E. J. Brill, 1963). Esta lista también puede ser encontrada en *The Book of Miracles* por Kenneth L. Woodward (New York, NY: Simon and Schuster, Inc., 2000), 185–189.

30. Hay disponibles muchas traducciones del Corán. La mía es *The Qur'an*, traducida por Abdullah Yusuf Ali Elmhurst (NY: Tahrike Tarsile Qur'an Inc., 2001). El sutra 17:88 dice: si la humanidad entera y los genios se unieran para producir otro semejante a este Qur'an, no podrían producirlo como éste, incluso si se ayudan y apoyan entre sí". Más evidencia puede ser encontrada en los sutras 2:23 y 10:38.

31. *The Qur'an*, traducido por Abdullah Yusuf Ali, Sutra 17:88. Sutra 6:109.

32. *Encyclopaedia Britannica, Macropaedia* 12, 15a edición (Chicago, IL: Encyclopaedia Britannica, Inc., 1983), 272.

33. Reginald A. Ray, *Buddhist Saints in India: A Study of Buddhist Values and Orientations* (New York, NY: Oxford University Press, 1994), 115.

34. Stephan Beyer, *Magic and Ritual in Tibet: The Cult of Tara* (New Delhi, India: Motilal Banarsidass Publishers Private Limited, 1988), 236. (Originalmente publicada por University of California Press, Berkeley, CA, 1974).

35. *Shes-bya Magazine*, October 1968, 19. Reimpreso en *Magic and Ritual in Tibet: The Cult of Tara* por Stephan Beyer, 240.

Capítulo Dos

1. Harley Williams, *A Doctor Looks at Miracles* (London, UK: Anthony Blond Limited, 1959), 55.

2. Claire Lesgretain, "Lourdes: What Makes a Miracle?" Artículo en *Miracles*, Volumen 1, No. 1, (1994), 58.

3. Bernadette Soubirous, citado en James Randi, *The Faith Healers* (Buffalo, NY: Prometheus Books, 1987), 22–23.

4. Terence Hines, *Pseudoscience and the Paranormal* (Buffalo, NY: Prometheus Books, 1988), 249.

5. Dr. Van Hoestenberghe, citado en *The Invisible College* por Jacques Vallee (Chicago, IL: Henry Regnery Company, 1969), 159.

6. Jacques Vallee, *The Invisible College*, 162.

7. Edeltraud Fulda, *And I Shall Be Healed: The Autobiography of a Woman Miraculously Cured at Lourdes* (New York, NY: Simon and Schuster, Inc., 1961).

8. William Thomas Walsh, *Our Lady of Fatima* (New York, NY: Image Books, 1954), 69.

9. Una traducción en inglés de este reportaje puede encontrarse en *Our Lady of Fatima* por William Thomas Walsh, págs. 147–148.

10. Heather Duncan, citado en *A Walking Miracle* por Patricia Miller. Artículo en *Miracles*, Vol. 1, Número 1 (1994), 48.

11. Dr. Andrija Puharich citado en *The Romeo Error* por Lyall Watson (London, UK: Coronet Books, 1976), 212.

12. Hay muchos relatos de la vida de Arigó y la gran cantidad de milagros curativos que realizó. El relato más completo es *Arigó—Surgeon of the Rusty Knife* por John G. Fuller (New York, NY: Thomas Y. Crowell Company, 1974).

13. Hudson Tuttle, *Studies in the Out-Lying Fields of Psychic Science* (New York, NY: M. L. Holbrook and Company, 1889), 174–175.

14. Brendan O'Regan, "Healing, Remission and Miracle Cures," en *Institute of Noetic Sciences Special Report* (Mayo 1987), 3–14.

Capítulo Tres

1. P. D. Ouspensky, *Strange Life of Ivan Osokin* (London, UK: Faber and Faber Limited, 1948).

2. A. H. Z. Carr, *How to Attract Good Luck* (Hollywood, CA: Wilshire Book Company, 1965), 25–26.

3. Anonymous, "The Rise and Rise of a Rare Internet Success" (Artículo en *Sunday Star-Times*, Auckland, New Zealand, Julio 13, 2003), D11.

Capítulo Cuatro

1. Max Freedom Long, *Introduction to Huna* (Sedona, AZ: Esoteric Publications, 1975), 4. Originalmente publicado en 1945.

2. Max Freedom Long, *The Secret Science Behind Miracles* (Marina del Rey, CA: DeVorss and Company, 1954), 14.

Capítulo Cinco

1. Gina Cerminara, *Insights for the Age of Aquarius* (Wheaton, IL: Quest Books, 1973), 203–204.

2. Beverley Nichols, *Powers That Be: The X Force* (New York, NY: St. Martin's Press, 1966), 15.

3. Sra. Anna Denton, citada en *Encyclopaedia of Psychic Science* por Nandor Fodor (New Hyde Park, NY: University Books, Inc., 1966), 317. (Originalmente publicada por Arthurs Press, London, UK, 1933.) La Sra. Anna Denton Cridge era hermana del profesor William Denton, quien usó la psicometría para aprender más acerca de sus especimenes geológicos. Él escribió sus descubrimientos en tres libros: *Nature's Secrets* (Boston, MA: William Denton, 1863), *The Soul of Things: Psychometric Researches and Discoveries* (Boston, MA: Walker, Wise and Company, 1863) y *Our Planet, its Past and Future* (Boston, MA: Denton Publishing Company, 1869).

4. Colin Wilson, *The Psychic Detectives* (London, UK: Pan Books, 1984), 30-31.

5. John M. Parker, "Suggestions Regarding Principles Acting in the Use of the Bantu Divining Basket," artículo en *Science*, 104, 1946, 513-514.

6. Richard Webster, *Omens, Oghams and Oracles* (St. Paul, MN: Llewellyn Publications, 1995), 38-39.

7. J. B. Rhine, "History of Experimental Studies," artículo en *Handbook of Parapsychology*, editado por Benjamin B. Wolman (New York, NY: Van Nostrand Reinhold Company, 1977), 32.

8. E. Douglas Dean, "Precognition and Retrocognition," artículo en *Psychic Exploration: A Challenge for Science* por Edgar D. Mitchell (New York, NY: G. P. Putnam's Sons, 1974), 160.

9. G. R. Price, "Science and the Supernatural," artículo en *Science*, August 26, 1966. Ver también G. R. Price, "Letter to the Editor," *Science*, enero 28, 1972.

10. Helmut Schmidt, "Quantum Processes Predicted?" artículo en *New Scientist*, 44, 1969, 114-115. Reimpreso en *The Unfathomed Mind: A Handbook of Unusual Mental Phenomena*, compilado por William R. Corliss, 223-224.

11. Respuestas críticas a los experimentos del doctor Schmidt's pueden ser encontradas en: C. E. M. Hansel, *ESP and Parapsychology: A Critical Re-Evaluation* (edición revisada). (Buffalo, NY: Prometheus Books, 1980), Paul Kurtz (editor), *A Skeptic's Handbook of Parapsychology* (Buffalo, NY: Prometheus Books, 1985), John L. Randall y otros, carta en *New Scientist*, 44, 1969, 259-260.

12. Stewart Robb, *Strange Prophecies That Came True* (New York, NY: Ace Books, Inc., 1967), 51.

13. Harry Houdini, *Miracle Mongers and Their Methods* (New York, NY: E. P. Dutton and Company, 1920), 84–87.

14. Arthur Osborn, *The Future is Now: The Significance of Precognition* (New Hyde Park, NJ: University Books, Inc., 1961), 87.

15. Winston Churchill, citado en *My Darling Clementine* por Jack Fishman y W. H. Allen (London, UK: Pan Books, 1964), 136.

16. William Lilly, *Astrological Predictions* (New Delhi, India: Sagar Publications, 1962), 341. (Originalmente impreso por Thomas Brudenell, John Partridge y Humphrey Blunden, London, UK, 1648.)

17. Colin Wilson, *Beyond the Occult* (London, UK: Bantam Press, 1988), 165.

18. Jeane Dixon, citado en *The Story of Fulfilled Prophecy* por Justine Glass (London, UK: Cassell and Company, Limited, 1969), 185–186.

19. Justine Glass, *The Story of Fulfilled Prophecy*, 186.

20. Susy Smith, *Widespread Psychic Wonders* (New York, NY: Ace Publishing Corporation, 1970), 39.

21. J. C. Barker, "Premonitions of the Aberfan Disaster," artículo en *Journal of the Society for Psychical Research*, 44, 1967.

22. Louisa E. Rhine, *Hidden Channels of the Mind* (New York, NY: William Sloane Associates, 1961), 199.

23. W. E. Cox, "Precognition: An Analysis I and II," artículo en *Journal of the American Society for Psychic Research*, 50, 1956.

24. Brian Inglis, *The Paranormal: An Encyclopedia of Psychic Phenomena* (London, UK: Granada Publishing Limited, 1985), 69–70.

25. H. G. B. Erickstad, *The Prophecies of Nostradamus in Historical Sequence from AD 1550–2005* (New York, NY: Vantage Press, Inc., 1982), XIV.

26. Hay muchas ediciones de las profecías de Nostradamus. Los cuartetos que se relacionan con Jack y Robert Kennedy son el I:26, IV:14 y V:28. Los cuartetos relacionados con la gran peste son el IX:11 y II:53. El cuarteto II:51 predice el gran incendio de Londres.

27. Abraham Lincoln, citado en *Recollections of Abraham Lincoln, 1847–1865* por Ward H. Lamon (Chicago, IL: McClurg and Company, 1937), 232.

28. Dorothy Armitage, *Dreams That Came True* (London, UK: Stanley Paul, Limited, 1942), 113–116.

29. J. W. Dunne, *An Experiment With Time* (London, UK: A. and C. Black Limited, 1927).

30. Miss Morison and Miss Lamont, *An Adventure*. Publicado inicialmente en 1911. Yo tengo la cuarta edición, publicada por Faber and Faber Limited, London, UK, 1934.

31. Richard Webster, *The Complete Book of Palmistry* (St. Paul, MN: Llewellyn Publications, 2001), 43. Originalmente publicada en 1994 como *Revealing Hands*.

Capítulo Seis

1. Aleister Crowley, *Magick Liber ABA* (Originalmente publicado en 1913. Reimpreso por York Beach, ME: Samuel Weiser, Inc., 1994), 126.

2. Florence Farr, citado en Mary K. Greer, *Women of the Golden Dawn: Rebels and Priestesses* (Rochester, VT: Park Street Press, 1995), 64.

3. Bishop Hugh Latimer, citado en *Religion and the Decline of Magic* por Keith Thomas (New York, NY: Charles Scribner's Sons, 1971), 177.

4. Robert Burton, *Anatomy of Melancholy* (Originalmente publicado en 1621. Hay muchas ediciones disponibles.), II, I, l.

5. Dion Fortune, *Psychic Self-Defense* (York Beach, ME: Samuel Weiser, Inc., 1992), 141–142.

6. Hay muchos relatos de la búsqueda de los asesinos hecha por Jacques Aymar. Entre las buenas fuentes se incluyen: *Curious Myths of the Middle Ages* por el Rev. Sabine Baring-Gould (1869), *The Divining Rod* por Sir William Barrett y Theodore Besterman (1926), y *Dowsing for Beginners* por Richard Webster (St. Paul, MN: Llewellyn Publications, 1996).

Capítulo Nueve

1. Staff of *Reader's Digest*, *Into the Unknown* (Sydney, Australia: Reader's Digest Services Pty Ltd., 1982), 188–189.

2. Harvey Day, *Occult Illustrated Dictionary* (London, UK: Kaye and Ward Limited, 1975), 16.

3. Stuart Gordon, *The Paranormal: An Illustrated Encyclopedia*, 34.

4. Ruth Montgomery, *The World Before* (New York, NY: Coward, McCann and Geoghegan, Inc., 1976), xiii.

5. Rudyard Kipling, *Something of Myself: For My Friends Known and Unknown* (London, UK: Macmillan and Company, Limited, 1937), 146.

6. C. H. Broad, prefacio, *Swan on a Black Sea* por Geraldine Cummins (London, UK: Routledge and Kegan Paul, Limited, 1965), 7.

7. Jon Klimo, *Channeling* (Los Angeles, CA: Jeremy P. Tarcher, Inc., 1987), 80.

8. Patience Worth, citado en *Patience Worth: A Psychic Mystery* por Casper S. Yost (London, UK: Skeffington and Son, Limited, 1916), 262.

9. Frederick Bligh Bond, *Glastonbury Scripts 1: The Return of Johannes* (London, UK: P. B. Beddow, 1921). Los Glastonbury Scripts son una serie de nueve libretes editados por Frederick Bligh Bond. Registran escrituras automáticas, de varias fuentes, sobre la abadía de Glastonbury. Bond mantuvo en secreto sus fuentes hasta que fue publicado su libro The Gate of Remembrance (Oxford, UK: Basil Blackwell, 1918). Éste contaba la historia de sus numerosas conversaciones con los monjes de la abadía muertos hace mucho tiempo. Esto causó, naturalmente, una gran consternación entre las autoridades eclesiásticas. Fue designado un codirector, y en 1922, Bond fue destituido y proscrito del terreno de la abadía.

10. W. T. Stead, citado en *The Unknown Guest* por Brian Inglis con Ruth West y Koestler Foundation (London, UK: Chatto and Windus Limited, 1987), 196–197.

11. Stainton Moses, *Spirit-Identity* (London, UK: W. H. Harrison Limited, 1879), 38.

Capítulo Diez

1. Aldous Huxley, *Island* (St. Albans, UK: Chatto and Windus Limited, 1962), 224.

2. Marc Barasch, "A Psychology of the Miraculous," artículo en *Psychology Today*, marzo/abril 1994, 54–80.

3. Philip S. Haley, *Modern Loaves and Fishes—and Other Studies in Psychic Phenomena* (San Francisco, CA: P. S. Haley, 1935. Edición revisada, 1960).

Lecturas sugeridas

`Ali, Muhammad. *The Religion of Islam*. United Arab Republic: National Publication and Printing House, n.d.

Beckworth, Francis J. *David Hume's Arguments Against Miracles: A Critical Analysis*. Lanham, MD: University Press of America, Inc., 1989.

Beyer, Stephan. *Magic and Ritual in Tibet: The Cult of Tara*. New Delhi, India: Motilal Banarsidass Publishers Private Limited, 1988. Originalmente publicado por University of California Press, Berkeley, CA, 1974.

Boyd, Beverly. *The Middle English Miracles of the Virgin*. San Marino, CA: The Huntington Library, 1964.

Burns, R. M. *The Great Debate on Miracles: From Joseph Glanvill to David Hume*. Lewisburg: Bucknell University Press, 1981.

Carr, A. H. Z. *How to Attract Good Luck.* Hollywood, CA: Wilshire Book Company, 1965.

Corliss, William R. (compiler). *The Unfathomed Mind: A Handbook of Unusual Mental Phenomena.* Glen Arm, MD: The Sourcebook Project, 1982.

Dumont, Theron Q. *The Solar Plexus or Abdominal Brain.* n.d.

Ebon, Martin. *Prophecy in Our Time.* New York, NY: The New American Library, Inc., 1968.

Geisler, Norman L. *Miracles and Modern Thought.* Grand Rapids, MI: Zondervan Publishing House, 1982.

Glass, Justine. *The Story of Fulfilled Prophecy.* London, UK: Cassell and Company, Limited, 1969.

Gordon, Stuart. *The Book of Miracles: From Lazarus to Lourdes.* London, UK: Headline Book Publishing, 1996.

Grant, Robert M. *Miracle and Natural Law in Graeco-Roman and Early Christian Thought.* Amsterdam, Netherlands: North-Holland Publishing Company, 1952.

Houston, J. *Reported Miracles.* Cambridge, UK: Cambridge University Press, 1994.

Lawton, John Stewart. *Miracles and Revelation.* London, UK: Lutterworth Press, 1959.

Lewis, C. S. *Miracles: A Preliminary Study*. London, UK: Geoffrey Bles Limited, 1947.

Long, Max Freedom. *The Secret Science at Work: The Huna Method as a Way of Life*. Marina Del Rey, CA: DeVorss and Company, 1953.

————. *Growing Into Light*. Marina Del Rey, CA: DeVorss and Company, Inc., 1955.

————. *The Huna Code in Religions*. Marina Del Rey, CA: DeVorss and Company, Inc., 1965.

McCaffery, John. *The Friar of San Giovanni*. London, UK: Darton, Longman and Todd, 1978.

Miller, Carolyn. *Creating Miracles: Understanding the Experience of Divine Intervention*. Tiburon, CA: H. J. Kramer, Inc., 1995.

Mitchell, Edgar. *Psychic Exploration: A Challenge for Science*. New York, NY: G. P. Putnam's Sons, 1974.

Neiman, Carol. *Miracles: The Extraordinary, the Impossible, and the Divine*. New York, NY: Viking Studio Books, 1995.

Noble, Thomas F. X. and Thomas Head (editors). *Soldiers of Christ*. University Park, PA: The Pennsylvania State University Press, 1995.

Ray, Reginald A. *Buddhist Saints in India: A Study in Buddhist Values and Orientations*. New York, NY: Oxford University Press, 1994.

Rhys, Jocelyn. *The Reliquary: A Collection of Relics*. London, UK: Watts and Company, 1930.

Richo, David. *Unexpected Miracles: The Gift of Synchronicity and How to Open It*. New York, NY: The Crossroad Publishing Company, 1998.

Rogo, D. Scott. *Miracles: A Parascientific Inquiry into Wondrous Phenomena*. New York, NY: The Dial Press, 1982.

Schick, Theodore and Lewis Vaughn. *How to Think About Weird Things*. Mountain View, CA: Mayfield Publishing Company, 1995. Segunda edición 1999.

Shooman, A. P. *The Metaphysics of Religious Belief*. Aldershot, UK: Gower Publishing Company Limited, 1990.

Skafte, Dianne. *When Oracles Speak: Opening Yourself to Messages Found in Dreams, Signs, and the Voices of Nature*. London, UK: Thorsons, 1997.

Smith, Eleanor Touhey. *Psychic People*. New York, NY: William Morrow and Company, Inc., 1968.

Swinburne, Richard. *The Concept of Miracle*. London, UK: Macmillan and Company Limited, 1970.

Swinburne, Richard (editor). *Miracl* and Company, 1989.

Taylor, John. *Science and the Superna* Dutton, 1980.

Van Dam, Raymond. *Saints and Their M* Princeton, NJ: Princeton Universi

Ward, Benedicta. *Miracles and the Medieval I* PA: University of Pennsylvania Press, 19

Webster, Richard. *Omens, Oghams and Oracles*. St. Paul, I Llewellyn Publications, 1995.

———. *Seven Secrets to Success*. St. Paul, MN: Llewellyn Publications, 1997.

———. *Write Your Own Magic: The Hidden Power in Your V* St. Paul, MN: Llewellyn Publications, 2001.

Williams, Harley. *A Doctor Looks at Miracles*. London, UK: Anthony Blond Limited, 1959.

Wolman, Benjamin B. (editor). *Handbook of Parapsychology*. New York, NY: Van Nostrand Reinhold Company, 1977.

Zusne, Leonard and Warren H. Jones. *Anomalistic Psychology: A Study of Extraordinary Phenomena of Behavior and Experience*. Hillsdale, NJ: Lawrence Erlbaum Associates, Inc., 1982.

14 8/09